이익을 내는
사장들의
12가지 특징

CEO의
서재
20

1,200명의 사장들이 털어놓은 이익을 내는 회사의 법칙

이익을 내는 사장들의 12가지 특징

산조 게이야 지음 | 김정환 옮김

12 Secrets To Running A
PROFITABLE COMPANY

센시오

90퍼센트의 회사는
사장의 노력으로 재건할 수 있다!

"사장님, 이렇게 경영을 하시니까 회사가 기우는 겁니다."

듣는 사람 입장에서는 거북하게 느껴지겠지만, 나는 나에게 경영 상담을 받기 위해 찾아온 사장들에게 이런 식으로 솔직하게 말한다. 지금까지 "이렇게 하니까 회사가 제대로 돌아가지 않는 겁니다", "이대로라면 연말까지 버티기도 힘들 수 있습니다"라는 쓴소리를 수없이 해 왔다.

일본의 경우, 최근 몇 년 사이에 감소하기는 했지만 매년 8,000개가 넘는 중소기업이 도산하고 있다. 도산까지는 아니어도 경영 부진으로 허덕이는 회사는 이보다 몇 배 더 많으며, 곤경에 처한 사장도 수만 명은 족히 될 것이다. 그러나 내가 봤을 때 그중 90퍼센트는 사장이 제대로 노력하기만 하면 재건할 수 있는 회사다.

안타깝게도 경영의 기본이나 핵심을 모르는 탓에 하지 않아도 될 고생을 거듭하는 사장이 정말로 많다. 지금까지 내가 상담해 온 1,200명이 넘는 사장 중에도 낡은 상식이나 잘못된 믿음에 사로잡히거나 회사 경영에 관해 진지하게 고민하지 않는 사람이 많았다.

그 예로, 매출 지상주의를 들 수 있다. 물론 매출이 증가하면 이익 또한 자연스럽게 증가하던 행복한 시절도 분명히 있기는 했다. 그러나 지금은 무작정 매출을 높이려고 하면 오히려 그 비용이 이익을 잡아먹는 경우도 많은 시대다. 영업이익 확보를 최우선 과제로 삼은 다음 매출 목표를 세우는 것이 오늘날의 경영 상식이라고 할 수 있다.

사장이 현장의 제일선에 서서 지휘해야 한다는 것도 낡은 사고방식이다. 이렇게 하면 현장에서 함께 뛰는 훌륭한 경영자처럼 보일 수도 있지만, 그로 인해 세상의 움직임을 보지 못하고 있을 수도 있다. 환경이 정신없이 변화하는 오늘날에는 현장 지휘 외에도 사장이 해야 할 일이 많을 것이다. 5년 후 또는 10년 후 회사의 모습을 구상하고, 그렇게 만들기 위해 무슨 일부터 해야 할지 숙고하고 결단을 내려 행동으로 옮기는 것이 사장의 가장 큰 임무다.

한편 '무차입 경영', 즉 빚 없이 경영하는 것을 이상적이라고 생각할 수 있지만, 그것은 착각이다. 일본의 경우 비즈니스 기회를 확실히 잡으려면 은행 융자는 반드시 필요하다고 할 수 있기 때문이다.

이런 식의 오해, 시대착오적 발상은 그 밖에도 일일이 나열할 수 없을 만큼 많다.

이런 경영자의 잘못된 믿음이나 안일한 인식은 결정적으로 회사의 체질을 약화시킨다. 물론 중소기업을 경영한다는 것이 그렇게 간단한 일이 아니라는 것은 나도 잘 안다. 거액의 빚 때문에 고통 받다가 더는 버티지 못하고 비관적인 생각까지 하게 되는 사장의 마음도 충분히 이해한다. 나도 140억 엔(한화로 약 1,530억 원)이나 되는 빚더미에 짓눌려 지옥과도 같은 고통을 맛본 적이 있기 때문이다.

젊어서 나는 아버지가 창업한 산조코퍼레이션을 물려받아 고베 시의 번화가에서 음식점을 대상으로 하는 부동산 임대 사업을 했었다. 처음에는 사업이 순조롭게 진행되어 지역에서 가장 주목받는 브랜드로 성장했지만, 불행하게도 1995년 1월에

이익을 내는 사장들의 12가지 특징

발생한 고베 대지진[1] 때문에 하루아침에 총 140억 엔이라는 부채를 떠안게 되었다. 그 이후에도 금융 위기와 디플레이션 등으로 인해 여러 차례 도산의 위기에 직면하기도 했다. 그러나 결국 8년 만에 모든 부채를 청산하고 회사를 재건하는 데 성공했다. 게다가 개인 파산을 신청하지 않고 빚을 갚은 덕에 개인 자산도 지킬 수 있었다.

그러나 이 과정이 결코 쉬웠던 것은 아니다. 그 8년 동안 나는 이루 헤아릴 수 없을 정도의 고통과 비애를 맛봤다. 몸도 마음도 만신창이가 되어 차라리 죽는 게 낫겠다고 생각한 적도 한두 번이 아니었다. 죽으면 그 고통에서 벗어날 수 있을 것 같았다. 그러나 넘어져도 다시 일어나 부채 지옥에서 탈출할 방법을 끊임없이 궁리하고 도전했다. 그 결과 마침내 기적적으로 재기에 성공한 것이다.

이후 나는 어떤 사명감을 느끼고 중소기업 경영자들을 지원

---

1   한신 · 아와지 대지진. 1995년 1월 17일, 일본 효고 현의 아와지 섬 북쪽을 진원으로 규모 6.9의 도심 직하형 지진이 발생했다. 1923년 발생한 관동 대지진 이후 일본에서 가장 큰 피해를 기록한 지진으로 약 6,400여 명이 목숨을 잃었고, 4만 명 이상의 부상자, 20만 명 이상의 이재민이 발생했으며, 경제적으로는 일본 국민 총생산의 2.5%가 넘는 1,400억 달러(한화 약 150조 원)에 달하는 피해를 입었다.

하는 사업을 시작했다. 은행으로부터 140억 엔을 빌렸던 경험을 바탕으로 자금을 융통하는 방법과 과다 부채 상태에 빠진 회사를 재건하는 기술, 그리고 리스크 헤지risk hedge 방법 등 겪어 보지 않은 사람이라면 결코 알 수 없고, 그렇기에 아무도 가르쳐 주지 않는 사장의 테크닉을 경영 부진으로 힘들어하는 사장들에게 알려 줘야겠다고 결심한 것이다.

지금까지 1,200명이 넘는 사장들이 나에게 상담을 받기 위해 찾아왔는데, 그 상담 내용은 매우 다양하다. 나는 그때마다 온 힘을 다해 그들을 돕고자 노력하고 있다.

이 일을 시작한 뒤로 나는 중소기업의 가혹한 현실을 경험해 본 사람이 아니고서는 중소기업이 안고 있는 문제의 본질을 이해하고 진정한 해결책을 이끌어내기가 매우 어렵다는 사실을 뼈저리게 느꼈다.

가령, 변호사에게서 개인 파산을 권유받았다는 한 사장은 내가 궁리 끝에 찾아낸 솔루션을 듣더니 "이런 방법이 있었다니!"라며 충격을 받았다. 그리고 회사를 재건하는 데 힘쓰겠다는 각오를 다시 한번 굳게 다졌다.

나에게는 피를 토하면서 흙바닥을 기어올랐던 경험이 있었기에 생각해낼 수 있었던 수많은 아이디어가 있다. 또 이런 상담을 하는 과정에서도 매일 새로운 경험을 한다. 이 책에서는 그렇게 배운 교훈들도 소개했다.

열심히 노력하고 있지만 성과가 나지 않는 회사의 사장이 이 책을 가장 먼저 읽었으면 한다. 앞에서도 말했듯이 낡은 상식에 얽매인 사장이 실적 부진의 원인일 때가 종종 있기 때문이다. 또 사업의 전망은 어두운데 마땅한 대책이 떠오르지 않는 사장에게도 이 책을 권한다. 이 책에서 거론하는 12가지 특징은 실제 경영 현장에 바로 적용할 수 있는 것들이기 때문이다. 그리고 앞으로 창업을 하고자 하는 젊은 세대에게도 꼭 한번 읽어 보길 권한다. 이 책에는 아름다운 이상론이나 실천할 수 없는 헛된 이론은 단 한 줄도 적혀 있지 않다. 꿈 많은 젊은이들에게는 김빠지는 내용일지 모르지만, 이 책을 통해 현실의 가혹함을 안 다음 차분한 마음으로 창업에 나서기를 바란다. 그런 면에서 오히려 이 책은 창업을 성공으로 이끌기 위한 가장 실천적인 교과서라고 자부한다.

60년 가까이 사는 동안 내 인생의 풍경은 크게 세 번 정도 바뀌었다. 20~30대에는 아버지의 사업을 물려받은 2대 사장으로서 새로운 사업을 핵심 사업으로 키워냈고, 40대에는 대지진으로 인해 140억 엔이라는 큰 빚을 진 채무자로서 살았다. 그리고 지금은 중소기업 사장을 지원하며 살아가고 있다. 어쩌면 운명의 장난에 놀아나다 마침내 천명에 다다른 것인지도 모른다.

　나는 각각의 인생을 살면서 그때마다 특이한 경험을 해 왔고, 그 과정에서 시장 전략이나 교섭 기술, 사고방식 등에 관한 독자적인 테크닉과 노하우를 만들어 냈다. 이 책에서는 그렇게 습득한 노하우를 실무적인 관점에서 알기 쉽게 해설했다. 기업이 장기적인 이익을 확보하기 위해 알아야 할 테크닉과 노하우를 담은 이 책이 앞으로 여러분이 회사를 경영하는 데 도움이 된다면 그보다 기쁜 일은 없을 것이다.

12 Secrets To Running A
PROFITABLE
COMPANY

이익을 내는 사장은 업무를 이렇게 한다

12 Secrets To Running A
PROFITABLE
COMPANY

잘나갈 때일수록
10년 후의
먹거리를 준비한다

 **특징 1. 이익을 내는 사장은 업무를 이렇게 한다**

이익을 내는 사장의 마음가짐
**실적이 좋을 때 그 자리에 안주하지 않고
항상 미래의 먹거리를 찾기 위해 노력한다.**

좋은 날은 오래 지속되지 않는다

"덕분에 전 분기의 매출과 이익이 모두 역대 최고 실적을 달성했
습니다!"

내가 고문을 맡고 있는 한 회사의 사장이 찾아와 얼굴에 웃

음을 띠며 근황을 알렸다. 수년 전 처음 상담을 받기 위해 나를 찾아왔을 때와는 완전히 다른 사람 같았다.

"그러시군요. 그렇다면 지금부터가 중요합니다."

나는 내가 그 회사에 도움이 되었다는 사실이 내심 기뻤음에도 나도 모르게 이렇게 말해 버렸다. 어쩌면 악담처럼 들렸을지 모른다. 그러나 내 경험에 따르면 실적이 좋은 시기는 순식간에 지나가 버린다. 그리고 "산이 높으면 골짜기도 깊다"라는 말이 있는 것처럼 실적이 좋을수록 그 다음이 위험하다. 그런 까닭에 지금 실적이 좋다고 해서 절대 방심하지 말라고 충고하는 차원에서 그렇게 말한 것이다.

머리말에서 말한 것처럼 나는 한때 회사를 지역 내에서 가장 주목받는 회사로 성장시키기도 했고, 순식간에 140억 엔이나 되는 부채를 떠안기도 했으며, 그 부채를 다 갚기까지 8년이라는 시간 동안 그야말로 지옥 같은 나날을 보내기도 했다.

'10년 가운데 좋은 시기는 고작해야 1년, 나머지 9년은 고난의 연속'

이것이 중소기업의 세계에서 40년 가까이 살아온 내가 실제로 경험하고 느낀 것이다.

'회사가 잘나갈 때는 어떻게 해야 하고, 고난기에는 어떻게 해야 할까?' 이는 중소기업 경영자에게 매우 크고 중요한 과제다. 당연한 말이지만, 회사가 벼랑 끝으로 내몰리면 은행에서도 상대를 해 주지 않는다. 따라서 **사업이 잘나갈 때일수록 불황을 극복하기 위한 준비를 게을리하지 말아야 한다.**

성공할 때까지 절대 포기하지 않는다

사업을 하는 사람에게 다음 10년을 내다보고 새로운 사업을 준비해 두는 것은 특히 중요한 일이다. 지금 사업이 잘되고 있다 하더라도 10년 후에도 여전히 안정적으로 이익을 낼 수 있다고 보장할 수는 없기 때문이다. 특히 요즘처럼 환경이 정신없이 변화하는 시대에는 더욱 그렇다.

주력으로 삼고 있던 사업에서 더 이상 이익을 내지 못하게 된 뒤 그제야 급하게 신규 사업을 시작하려고 하는 경영자를 종종 볼 수 있는데, 이런 경우 '사후 약방문'인 경우가 대부분이다. 즉, 때가 지난 뒤에 어리석게 애를 쓰는 상황인 것이다.

사업이 잘 풀리지 않는 힘든 시기에 하던 일을 접고 갑자기 새로운 일을 시작한들 잘 풀릴 가능성이 있을까? 회사의 실적이 나빠지면 자금 측면에서나 시간 측면에서나 여유가 없어지기 때문에 신규 사업에 전력투구하지 못하게 되는 경우가 많다. 그리고 신규 사업을 시작하는 것이 그리 만만한 일도 아니다. 오늘날은 '이것만큼은 누구에게도 지지 않아'라고 말할 수 있는 강점이 없으면 살아남기 힘든 시대다. 설령 강점이 있다 해도 그것을 계속 갈고닦아 타의 추종을 불허하는 강점으로 만들지 않으면 다른 사람들에 의해 금방 따라잡히게 된다. 신규 사업을 통해 이익을 내는 것은 그만큼 힘든 일이다. 내 경험에 의하면 신규 사업은 열 번 시도하면 한 번 성공할 정도로 성공 확률이 낮다. 실제 성공 확률은 그보다 더 낮을지도 모른다.

그런데 이때 절대 포기하지 않는 것이 중요하다. 사람들은 대부분 두세 번 실패하고 나면 아예 포기해 버리곤 하는데, 역사상 큰 업적을 이룬 선인들이 그랬던 것처럼 '성공할 때까지 절대 포기하지 않는다'는 강한 의지가 필요하다.

그리고 또 한 가지 중요한 것은 몇 번을 실패해도 버틸 수 있을 만큼 자금 측면에서 여력이 있어야 한다는 것이다. 나는 자기 자금으로 사업을 하기보다 은행에서 융자를 받아 신규 사업에 투자하는 편이 더 좋은 결과를 낼 수 있다고 생각한다. 자기 자금은 어차피 규모 면에서 한계가 있고, 융자 신청을 하면 은행에서 신규 사업의 타당성에 대해 자세하게 조사를 해 주기 때문이다. 회사의 실적이 좋으면 은행도 적극적으로 응원해 줄 것이다. 부담감은 있지만 은행에서 돈을 빌려 판을 크게 벌리는 경우, 사업을 더 주도면밀하게 준비할 수 있다. 그리고 그렇게 융통한 자금을 가장 중요한 순간 단번에 쏟아붓는 것이다.

참고로, 한 부동산 회사는 나의 이런 조언을 받아들여 신규 사업을 추진한 결과 큰 성공을 거두었고, 현재 주식 상장을 준비하고 있다.

부디 실적이 좋을 때 그 자리에 안주하지 말고, 미래의 먹거리를 찾는 데 주력하길 바란다.

사장은
2주 앞서서
업무를 처리한다

이익을 내는 사장의 마음가짐

**사장은 시간을 쪼개 자신의 일을 처리한다. 나머지 시간에는
회사의 전체적인 사안이나 돌발적인 일에 대응하기 위해서다.**

업무를 절대 뒤로 미루지 말라

시간관념이 느슨한 사장은 절대 성공하지 못한다. 지금까지
1,200명이 넘는 경영자와 면담을 했는데, 이것만큼은 확실히 단
언할 수 있다.

아침에 회사에 도착해 '자, 오늘은 뭘 할까?'라고 생각한다면, 그 사장은 완전히 실격이다. 분명 업무를 직원에게 떠맡기고 유유자적하는 사장도 있다. 다만 이것은 다른 사람에게 맡길 수 있는 업무에 한하는 것이며, 생각하는 일까지 직원에게 맡길 수는 없다.

중소기업의 경우, 생각하는 업무는 사장의 몫이다. 요컨대 할 일이 없다는 것은 골똘히 생각하고 있지 않다는 뜻이다. 더 심한 경우는 사장이 오늘 해야 할 업무를 내일이나 모레로 미루는 것이다. 그리고 '지금은 바빠서……' 같은 이유로 다시 다음날로 미루며, 그러다 보면 하기 싫은 업무는 계속 뒤로 미루게 된다. 사장이 이런 지경인데 직원이라고 진지하게 업무에 몰두할 리 있겠는가?

내게 상담을 받기 위해 찾아오는 사장들 중에도 약속 시간에 자주 늦는 사람이 있다. 회사를 재건하는 일은 어쩌면 시간과의 싸움이라고도 할 수 있다. 그런데 긴장감은 전혀 없고 매번 변명을 늘어놓기 바쁘다. 이는 지각만의 문제가 아니다. 이런 사람들은 다른 약속들도 제대로 지키지 않는 경우가 많으며, 이후 변명으로 일관한다. 회사를 재건하겠다는 의지가 있는지 의심스럽기까지 하다. 이렇게 가망성이 없어 보이는 경우에는 내가 먼저 계약을 해지하자고 한다.

유능한 경영자들은 모두 하루를 빨리 시작한다. 내가 존경하는 한 회사의 사장은 대중교통을 이용해 출퇴근을 하는데, 그는 특별한 일이 없는 한 첫차를 타고 출근한다. 그는 이른 아침에 업무를 처리하는 것이 효율이 몇 배는 더 좋다는 것을 알고 있다.

또 다른 사장은 전날 아무리 늦게 귀가하더라도 새벽 4~5시에 일어나 집에서 업무를 본 다음 7시에 출근한다. 직원들이 출근할 무렵에는 자신의 업무를 다 끝내 놓고 근무 시간에는 회사의 전체적인 사안에 신경 쓰거나 돌발적인 일에 대응하기 위해서다.

또 어떤 사장은 자신이 해야 할 업무를 2주 전에 미리 끝내 버린다. 가령 오늘 오전 11시에 거래 은행과 상담하기로 돼 있다면, 약속 2주 전까지 이것저것 궁리해 자료를 준비하고 어떻게 이야기를 진행할지 결정해 놓는다. 그리고 틈나는 대로 수첩을 꺼내서 향후에 처리할 업무를 기록한다. 그래서 머릿속에는 항상 2주일분의 일정이 깔끔하게 정리되어 있다.

또 다른 사장은 업무를 시작할 때 복잡한 업무, 하기 싫은 업무부터 먼저 처리한다. 여러 업무가 쌓이면 하기 싫은 업무일수록 큰 부담이 된다는 것을 잘 알기 때문이다. 단순한 업무, 편하게 처리할 수 있는 업무는 경우에 따라서는 다른 사람에게 부탁할 수도 있다. 해야 할 업무는 할 수 있을 때 미리 해 놓자는 것이 그의 생각이다.

나도 업무는 가능한 한 미리 처리하고 있다. 젊은 시절에는 설령 그 전날 밤늦게까지 놀더라도 오전 7시에는 회사에 도착해 직원들이 출근하기 전에 내 업무를 끝내 놓았었다. 원래 성격이 급한 것도 있고, 뭔가 해야 한다는 생각이 이른 기상과 빠른 업무 처리로 이어졌는지 모른다.

또 한 가지 이유는 '위기 관리' 차원에서다. 2주 전에 업무 준비를 끝내 놓으면 만에 하나 내가 병에 걸리거나 다쳐서 갑자기 병원에 입원하게 되더라도 한동안은 어떻게든 버틸 수 있다. 그 사이에 다른 대책을 마련할 수 있기 때문이다. 지금은 옛날과 달라서 사장이 쓰러지면 순식간에 회사가 망할 수도 있는 시대다. 매출이 순식간에 반 토막이 나기도 하고, 회사 분위기가 엉망이 되기도 한다. 그만큼 중소기업에게는 가혹한 환경이라고 할 수 있으며, 그런 만큼 사장의 중요성이 더 높아지고 있다.

사장이 시간을 어떻게 활용하느냐가 회사의 향방을 좌우하는 시대다. 회사를 지키기 위해서라도 '업무는 이른 아침에, 미리, 하기 싫은 업무를 먼저 한다'는 원칙을 정하고 습관화하길 바란다.

대기업과의
경쟁에서
살아남는 법

특징 1. 이익을 내는 사장은 업무를 이렇게 한다

이익을 내는 사장의 마음가짐

인력도 자원도 부족한 중소기업에게는
남과 다른 지혜를 짜내는 것만이 비즈니스에서 이기는 방법이다.

비즈니스는 지혜의 싸움

"결국 사장님네 슈퍼마켓이 이온보다 비싸니까 장사가 안 되는
겁니다."

지방에서 작은 슈퍼마켓을 운영하는 한 사장에게 나는 이렇

게 쓴소리를 했다. 이온이나 세이유 같은 거대 슈퍼마켓 체인과 똑같은 상품을 진열해 놓고 장사가 안 된다는 푸념만 늘어놓았기 때문이다.

비즈니스는 살아 있는 생물 같아서 매일매일 변화한다. 다른 회사와 똑같이 해서는 팔 수 없으며, 과거의 상식은 통용되지 않는다. 예전과는 속도감이 완전히 다른 것이다. 그럼에도 시대의 변화를 별로 심각하게 받아들이려 하지 않는 사장이 많다.

상담을 받기 위해 찾아온 사장들과 이야기를 나누다 보면 옛날부터 해 왔던 익숙한 방식에 집착하는 사장이 많다는 데 놀라고는 한다. 그들의 머릿속에는 '우리 가게에서는 이 상품을 취급하는 것이 당연하다', '상품 진열은 이렇게 하는 것이 가장 좋다'는 식의 고정관념이 강하게 깔려 있다. 사장들은 내게 "어떻게 해야 장사가 잘될지 정도는 항상 궁리하고 있습니다"라고 말하지만, 내가 볼 때 그런 것은 궁리 축에도 들어가지 않는다. **궁리를 한다면 극한까지 골똘히, 머리에 쥐가 날 만큼 열심히 생각해야 한다.** 어떤 이들에게서는 위기감이라고 할까, 사장으로서의 사명감 같은 것이 전혀 느껴지지 않기도 한다.

단언하건데, 지금 같은 힘든 시대에 자본도 인재도 부족한 중소기업이 살아남으려면 사장 스스로의 머리로 열심히 궁리해 어떻게든 시장에서 승리할 아이디어를 생각해내는 수밖에 없다.

경영자들에게 자주 하는 말이지만, 비즈니스는 지혜의 싸움이다. 중소기업이 대기업들 틈바구니에서 살아남기 위해서는 지혜로 승부를 보는 수밖에 없다. 부디 이 점을 명심하길 바란다.

자각만 하면 지혜는 자연스럽게 나오기 마련이다. 나는 언제라도 상담에 응할 준비가 되어 있으며, 함께 궁리해서 실마리가 될 만한 방법들을 알려줄 수 있다. 그러나 당연한 말이지만 사장 스스로가 생각하지 않으면 의미가 없다.

지혜를 만들어 내는 세 가지 기술

먼저 과거의 성공 경험을 기억에서 지우고 최대한 머릿속을 백지 상태로 만들자. 그런 다음 지금부터 소개하는 방법을 실천해 보기 바란다.

첫째, '현장 중심의 발상'을 하는 것이다. 이는 히트 상품을 개발하기 위한 철칙이기도 하다. 고객의 목소리를 듣는 것은 중요한 일이지만, 그 의견이 본심인지 아닌지 알 수 없는 경우가 종종 있다. 그럴 때는 고객이 매장에서 어떤 행동을 하는지 유심히 관찰하면 도움이 된다. 고객의 행동을 관찰하면 시장조사 등을 통해서는 알 수 없는 개발의 힌트를 발견할 수 있다.

사장이 중요하게 눈여겨봐야 할 현장이 하나 더 있다. 바로 직원들이 일하는 현장이다. 이곳 역시 보물이 쌓여 있는 산이다. 그러나 사장이 지시하더라도 현장에서 개선안이나 개발 아이디어는 좀처럼 나오지 않는다. 직원들 입장에서는 제안을 했다가 상사에게 비웃음을 당할까봐 걱정도 되고, 설령 채택이 되더라도 결과가 안 좋으면 자신이 책임져야 할지도 모른다는 생각이 들기 마련이다. 그래서 쉽게 제안을 하지 않는 것이다.

현장의 정보가 사장에게 들어오지 않게 되었다면 이는 위험 신호다. 반대로 혁신의 힌트가 될 만한 정보가 밑에서부터 끊임없이 올라온다면 그만큼 긍정적인 일도 없다. 그러므로 업무 현장에서의 아이디어를 수집하기 위해서라도 정규직 직원들은 물론 계약직 직원들과도 평소에 신뢰 관계를 구축해 놓을 필요가 있다.

둘째, '현장감 넘치는 시뮬레이션'을 거듭해서 하는 것이다. 중소기업이 살아남기 위해서는 상품이나 서비스 개발 외에도 다양한 상황에서 지혜를 짜내야 한다. 특히 대금 지급을 계속 미루는 거래처에 대응해야 할 경우나 은행으로부터 새로 융자를 받아야 할 경우에는 다양한 상황을 가정하고 전략을 짜 놓을 필요가 있다. 이럴 때 효과적인 방법이 바로 머릿속으로 현장감 넘치게 시뮬레이션을 반복해서 해 보는 것이다.

셋째, 좋은 아이디어가 떠올랐다면 '즉시 메모'를 하는 것이다. 이 방법은 즉각적인 효과가 있다. 한밤중에 문득 무언가가 떠올랐을 때 머리맡에 메모장이 있다면 그 자리에서 글로 남겨 놓을 수 있다. 우리 집에는 머리맡에는 물론 화장실, 주방에 이르기까지 곳곳에 메모장이 놓여 있다. 부디 여러분도 실천해 보길 바란다.

'해야 할 사업'과 '해서는 안 될 사업'을 구별하라

특징 1. **이익을 내는 사장은 업무를 이렇게 한다**

이익을 내는 사장의 마음가짐

**성공하는 사장은 무슨 일이 있더라도
본질적인 신념은 굽히지 않는다.**

중심과 신념이 흔들리면 사업이 흔들린다

요즘 하나바다케목장이 다시 주목을 받고 있다. '생캬라멜' 열풍을 일으키며 유명해졌지만 그 후 대중의 관심에서 멀어져 한때 도산했다는 소문까지 돌았던 이 목장은 지금은 치즈 가공품을 중심으로 고수익을 내며 우량 중소기업으로서 착실하면서도 적극적으로 사업을 전개해 나가고 있다. 그리고 최근에는 '라클레트 치즈'로 다시 한번 주목을 받고 있다.

하나바다케목장은 제2의 전성기를 꿈꾸며 다시 한몫 잡아보려고 하는 것일까? 생캬라멜로 쓴맛을 봐 놓고 다시 큰 도박에 뛰어든 것일까? 내 생각에는 그들이 본질적인 신념을 굽힌 것 같지는 않다. 따라서 성공할 확률은 높아 보인다. 유제품을 중심으로 대기업이 뛰어들지 않는 시장에서 온리 원only one을 추구한다는 자세는 오히려 훌륭하다 할 수 있다. 그들에게는 일관성이 있다. 아마도 신념이 있기에 경영 부진으로 힘든 상황에서도 포기하지 않고 버텨낼 수 있었을 것이다. 이번에는 생캬라멜 사업 경험을 살려 좀 더 견실한 비즈니스 모델을 만들어 냈을 뿐 아니라 상품의 인기가 사그라졌을 때의 리스크 헤지 수단도 충분히 생각해 놓은 듯하다. 다나카 요시타케 사장이 앞으로 어떤 사업 수완을 보여 줄지 기대가 된다.

이와는 정반대로, 경영 상담을 받기 위해서 나를 찾아온 사장 중에는 무엇을 하고 싶은지가 명확하지 않은 사람도 꽤 많다. 그리고 그런 사장일수록 돈벌이의 유혹에 쉽게 넘어가 큰 손해를 보고 만다. **중심이 흔들리기 때문에 '해야 할 사업'과 '해서는 안 될 사업'을 구별하지 못하는 것이다.** 그중에는 지식도 경험도 없는 분야에 계속 손을 대다가 결국 도산하고 마는 사람도 있다. 비즈니스에 대한 신념이 없기 때문이다.

5년 후, 10년 후를 내다보며 행동한다

누구나 회사를 세울 때는 확고하게 '이것을 하고 싶어'라고 하는 게 있을 것이다. 그것이 바로 '신념'이다. 다만 경영 상황이 계속 안 좋으면 눈앞의 이익을 따르게 되고, 그러는 사이에 애초에 무엇을 하는 회사였는지 알 수 없게 되어 버리기도 한다. 그리고 이런 상황에서는 회사의 목표를 전 직원이 공유하기 어려워진다. 회사가 지향하는 방향도 공유되지 않으며, 직원들의 마음도 하나가 되지 못한다. 매우 위험한 상황에 처하게 되는 것이다.

이런 상황이 되지 않게 하려면 **사장이 창업 당시의 신념을 굳게 유지하는 것이 매우 중요하다.** 사업 방식은 시대나 환경에 맞게 바꾸더라도 신념은 굽히지 않는다는 강한 마음가짐이 필요하다. 또 한 가지 중요한 것은 사장이 5년 후, 10년 후를 내다보며 경영의 방향키를 잡아야 한다는 것이다. '당장 1년 뒤의 시장 상황도 알 수 없는데 어떻게 10년 후를 내다보란 말이야?'라고 생각할지도 모른다. 그러나 경영자라면 '10년 후, 적어도 5년 후에는 이렇게 되고 싶다'라는 비전 같은 것이 있을 것이다. 실현할 수 있을지 없을지는 둘째 치고, 어떤 길로 나아갈지 구상해 놓으면 쓸데없이 샛길로 빠지거나 길을 잃어버리는 사태는 막을 수 있을 것이다.

게다가 현재의 사업에만 집착하면 환경이 크게 변했을 때 대응하기 어려워지며, 이는 중소기업에게는 자칫 치명상이 될 수도 있다. 5년 후, 10년 후를 곰곰이 생각하며 지금부터 준비해 놓는 것도 사장만이 할 수 있는 중요한 업무다.

[표 1] 중장기 비전을 세워 놓았는가?

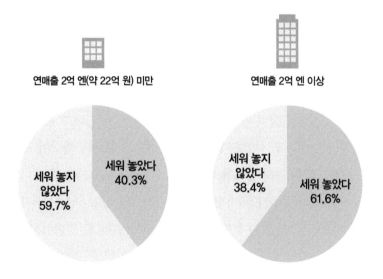

연매출 2억 엔(약 22억 원) 미만

세워 놓지
않았다
59.7%

세워 놓았다
40.3%

연매출 2억 엔 이상

세워 놓지
않았다
38.4%

세워 놓았다
61.6%

특징 2

고객보다
열혈 팬을
먼저 만든다

12 Secrets To Running A
**PROFITABLE
COMPANY**

열렬한 팬을
얻기 위한
수고를 아끼지 않는다

특징 2. 고객보다 열혈 팬을 먼저 만든다

이익을 내는 사장의 마음가짐

자원이 적은 중소기업일수록
시간과 수고를 들여서 대기업에 승리한다.

다카라즈카 가극단은
어떻게 100년 넘게 사랑받고 있을까?

다카라즈카 가극단이야말로 중소기업의 이상적인 롤모델이 아
닐까 한다. 1913년에 '깨끗하고 바르고 아름답게'라는 모토와

함께 등장한 이래 100년이 넘는 세월 동안 발전을 거듭해 온 이 여성 가극단은 이제 일본의 독자적인 문화유산이라 해도 과언이 아닐 정도로 국민적인 관심과 사랑을 받고 있다.

다카라즈카 가극단은 어떻게 이렇게까지 국민들의 지지를 받고 있을까? 호화찬란한 무대 의상이나 독자적 방식의 스타 시스템 등도 그 이유이겠지만, 나는 열렬한 고정 팬을 보유하고 있는 점을 간과해서는 안 된다고 생각한다. 다카라즈카 가극단이 속한 엔터테인먼트 세계에는 디즈니도 있고 할리우드도 있지만, 이들과 다카라즈카 가극단의 고객층은 완전히 다르다. 예를 들자면, 디즈니나 할리우드가 전 세계를 대상으로 한 글로벌 기업이라면 다카라즈카 가극단은 일본 내에서만 활동하는 일개 기업에 불과하다. 그럼에도 이렇게 오랜 기간에 걸쳐 그 존재감을 유지하는 이유는 열렬한 고정 팬이 지속적으로 극장을 찾아와 주기 때문이다. 반대로 말하면 다카라즈카 가극단이 일관되게 이런 팬층을 소중히 키워 온 덕분인 것이다. 다카라즈카 가극단과 이들을 지지하는 팬들 사이에 강한 유대감이 형성되어 있는 것이다.

다카라즈카 가극단의 가장 큰 특징은 배우가 모두 여성으로 이뤄져 있고, 남성 배역 역시 여성이 맡는다는 것이다. 특히 남성 주연 역할을 맡는 배우가 인기가 많은데, 남성 주연을 맡았던 역대 스타 중에는 극단 활동을 그만 둔 뒤에도 계속 무대에서 쓰던 이름으로 불리는 경우가 많다. 자신이 좋아하는 배우와 대면할 기회가 주어진다는 점도 다카라즈카 가극단의 중요한 특징 중 하나다. **오랜 시간 배우들을 지켜보는 과정에서 팬들에게 마치 배우들과 인생을 함께 사는 것 같은 일체감을 주는 것이다.**

바로 이런 모습이야말로 중소기업이 이상으로 삼아야 할 비즈니스의 형태, 고객 만들기의 모범이라 할 수 있다. 오랫동안 사업을 해 오고 있는 중소기업에는 반드시 이런 열렬한 고정 고객이 있다. 항상 그 가게만 이용한다든가, 신제품이 출시되면 가장 먼저 산다든가 그 표현 방식은 다르지만, 이들은 그 회사를 지탱해 주는 든든한 암반 역할을 해준다. 당연한 말이지만 자원이 넉넉하지 않은 중소기업으로서는 경쟁이 치열한 큰 시장에서 변덕 심한 고객층을 상대하기보다 얼굴도 속마음도 잘 아는 고정 고객을 늘리는 편이 훨씬 유리하다.

그렇다면 열렬한 팬, 즉 고정 고객은 어떻게 만들까?

고객이 우리 회사에 원하는 것은 무엇일까?

시장 개척이라는 주제로 들어가면 대기업이 진출하지 않은 시장은 어디인지, 경쟁 상대와 어떻게 차별화를 할 것인지 등을 이야기하는 경향이 있는데, 내가 볼 때 이런 논의는 핵심에서 완전히 벗어난 것이다. 시장이 '어쩌고저쩌고' 이야기하기 전에 먼저 고객이 우리 회사에 원하는 것은 무엇이고, 우리 회사가 어떻게 하기를 바라는지 정확하게 알아야 한다. 그리고 우리 회사가 할 수 있고, 우리 회사만이 할 수 있는 것은 무엇인지를 곰곰이 궁리한 다음 '이거야!'라는 확신이 들면 그것을 최고가 될 때까지 갈고닦아야 한다.

예전에 한 지방 도시에 있는 고급 호텔의 사장이 경영 부진 문제로 상담을 받으러 나를 찾아온 적이 있었다. 그 사장은 근방에 대형 호텔 체인이 진출한 뒤 객실 가동률이 꾸준히 감소하고 있다며 수익을 회복하기 위한 좋은 대책은 없겠느냐고 물었다. 나는 그 사장과 많은 대화를 나누고 궁리를 거듭한 끝에 대형 호텔을 이길 전략을 도출했다. 나는 호텔 사장에게 이렇게 말했다.

"시간과 수고가 많이 들어가지만, 이것을 안 하면 대형 호텔에 이길 수 없습니다. 반대로 대형 호텔은 효율을 중시하기 때문에 이런 귀찮은 일은 절대 하지 않습니다. 그러므로 귀찮게 생각하지 않고 할 수 있다면 반드시 대형 호텔을 이길 수 있습니다."

그 전략은 지역 주민의 개인 정보를 최대한 수집해 한 사람 한 사람의 이벤트 일정을 한눈에 볼 수 있는 데이터베이스를 만들라는 것이었다. 그때만 해도 요즘처럼 개인 정보가 엄격하게 보호되던 시절이 아니었기에 가능한 제안이었다.

그 사장은 지역 주민들의 개인 정보를 열심히 모으고, 그 데이터베이스를 활용해 호텔의 연회 사업을 크게 활성화시켰다. 그 결과 지금은 연회장을 이용한 고객으로부터 "곧 큰딸 성인식이 있는데, 그 행사도 여기에서 해야겠어요" 같은 말을 듣는 등 고객 만족도가 높은 가족 행사장으로 브랜드가 정착되었다고 한다.

이처럼 자기 회사만의 강점을 살려 열렬한 팬, 고정 고객을 차근차근 확보해 감으로써 기업이 장기적으로 존속할 방법을 찾아야 하는 것이다.

명확한 미션으로
사회적 사명을
성취하라

특징 2. 고객보다 열혈 팬을 먼저 만든다

이익을 내는 사장의 마음가짐

사업을 통해서 사회에 무엇을 제공하고 싶은가?
당신 회사의 사회적 사명은 무엇인가?

이익은 나중에 따라오는 것

빌 게이츠, 스티브 잡스, 야나기 다다시, 손정의……. 비즈니스의 세계에서 큰 성공을 거둔 창업자들은 돈벌이만을 목적으로 사업을 시작하지 않았다. 이들 대부분은 '자신의 힘으로 세상을 바꾸고 싶다'라든가 '꿈을 실현하고 싶다'라는 뜨거운 열정으로 창업을 했다. 세상 사람들이 그 마음에 공감했기에 사업에 성공했고, 그 결과 큰 부를 축적할 수 있었다. 만약 돈벌이가 목적이라면 1천억 엔(약 1조 1,000억 원) 정도 번 것으로 만족했을 것이다. 이들이 그보다 수 배, 수십 배에 이르는 자산을 축적하고도 경영을 계속하고 있는 것은 돈벌이보다 더 큰 목적이 있는 것이 틀림없다.

중소기업 경영도 본질은 똑같다.

"사장님은 사업을 통해서 사회에 무엇을 제공하고 싶으신가요?"

나는 상담을 받으러 온 사람에게 반드시 이 질문을 던진다. 회사의 미션, 즉 사회적 사명이 무엇인지 묻는 것이다. 듣기 좋은 말을 들으려는 것이 절대 아니다. 사장으로서 경영을 어디까지 진지하게 고민하고 있는지 확인하는 것이 목적이다. 그런데 안타깝게도 이 질문에 명쾌하게 대답하는 경영자는 매우 드문 것이 현실이다. 그러나 회사의 근간을 튼튼하게 만들기 위한 매우 중요한 문제이므로 경영자라면 자기 회사의 미션을 재점검해 봐야 할 것이다.

또한 노파심에서 한마디 더 하자면, 회사의 미션을 실현하는 것은 절대 이익을 도외시한다는 의미가 아니다. 미션은 오히려

이익과 직결되어야 한다. 그런 시스템을 만드는 것이 사장의 가장 큰 임무라고 할 수 있다.

사회의 지지를 받는 최강의 회사를 만들라

내가 옛날부터 존경해 온 효고야쿠르트판매의 아베 야스히사 사장은 '호스피탈리티hospitality(환대 정신)'를 매우 중요시한다. 그는 고객은 물론 일반 직원이나 계약직 판매사원 들에게도 변함없이 친절하고 정중하게 대한다. 사회 공헌에도 관심이 많아서 나도 젊은 시절부터 경영자의 마음가짐에 관해 많은 가르침을 받았다.

이렇듯 아베 사장은 결코 이익 지상주의자가 아니지만 그 회사의 실적은 놀라울 정도다. 일본 내의 야쿠르트 판매사 중에서도 실적이 손가락으로 꼽을 정도로 높고, 회사를 방문해 보면 직원들이 하나같이 밝은 표정으로 활기차게 일하는 모습에 깊은 감명을 받게 된다. 이 회사는 사회에 도움이 되고 싶다는 마음으로 사업에 임한 덕분에 고객에게 좋은 이미지를 심어주었을 뿐만 아니라 일반 직원과 계약직 판매사원 들까지도 팬으로 만들었다. 그 결과 매우 강한 체질의 기업이 되었다.

사람이나 사회에 도움이 되는 회사라고 해서 결코 자선 사업을 하거나 봉사 활동을 하라는 의미는 아니다. **고객에게 제공한 제품이나 서비스가 고객에게 만족을 준다면 고객은 기꺼이 지갑을 연다.** 이것이 바로 사회에 공헌하는 것이다.

우리 회사는 무엇으로 사회에 공헌할 것인지 자문해 보기를 바란다.

[표 2] 기업 이념(미션)의 예

본치*	본치의 사훈 '만든다'. (중략) 일본인의 주식인 쌀을 원료로 과자와 전병을 만든다. 이 나라에 면면히 이어져 내려온 장인의 기술과 전통에 새로운 시대의 기술과 발상을 융합시켜 새로운 맛을 창조한다. 쌀 한 톨 한 톨에 정성을 담아 열심히, 한결같이……. 본치는 '만든다'는 마음을 소중히 여기며 맛과 품질의 타협 없이 미각을 만들어 내고 있습니다. ● 쌀과자가 주력 상품인 일본의 제과 회사
스타벅스커피 재팬	사람들의 마음을 풍요롭고 활기차게 만들기 위해 한 사람의 고객, 한 잔의 커피 그리고 하나의 커뮤니티부터
오토백스세븐●●	항상 고객에게 최적의 카 라이프를 제안해 풍요롭고 건전한 자동차 사회를 창조하는 것을 사명으로 여깁니다. ●● 일본의 자동차 용품 판매점 '오토백스'와 '슈퍼오토백스'를 운영하는 기업

로손	우리는 모두 함께 사는 거리에 행복을 가져다줍니다.
패스트리테일링	정말 좋은 옷, 지금까지 없었던 새로운 가치를 지닌 옷을 창조해 전 세계의 다양한 사람들에게 좋은 옷을 입는 기쁨, 행복, 만족을 제공합니다. 독자적인 기업 활동을 통해 삶이 풍요로워지는 데 공헌하고, 사회와 조화를 이루며 발전하는 데 기여합니다.
PARCO●●●	방문한 사람들에게 즐거움을 주고 입주 사업자를 성공으로 이끌며, 선견적 · 독창적 · 호스피탈리티가 넘치는 상업 공간의 창조 ●●● 일본의 백화점 체인

사장이 외롭고
괴로울 때는
누가 위로해 줄까?

특징 2. **고객보다 열혈 팬을 먼저 만든다**

이익을 내는 사장의 마음가짐

어느 회사든 사장은 고독할 수밖에 없다.

이런 사장에게도 마음을 털어놓을 수 있는 멘토가 꼭 필요하다.

사장의 멘토는 회사 외부에서 찾자

상담을 받기 위해 찾아오는 사장들과 면담을 하다 보면 그들에게 무슨 이야기든 들어 줄 수 있는 친구나 지인이 적다는 것을 느낄 때가 종종 있다. 회사를 경영하면서 많은 사람과 인간관계를 맺고 있기는 하지만, 힘들 때 본심을 털어놓을 상대가 없는 것이다. 내가 "누군가와 의논은 해 보셨나요?"라고 물어보면 "그게……"라며 말끝을 흐리는 경우가 대부분이다.

사장이라는 위치상 어쩔 수 없는 일인지도 모른다. 지금 조달과 관련된 이야기를 다른 사람에게 했다가는 시중에 이상한 소문이 퍼질 수 있다. 그 소문을 들은 직원들은 동요할 것이고, 어쩌면 은행에도 소문이 퍼질 수 있다. 결국 어디에도 말하지 못하고 조용히 나를 찾아올 수밖에 없는 것이다.

사장은 고독하다. 당연한 일이다. 사장의 자리는 그런 위치이기 때문이다. 다만 **마음을 터놓을 수 있는 사람이 무조건 한 명이라도 있는 것이 좋다.** 이것은 내 경험을 바탕으로 단언할 수 있다.

나는 20대 때 지역의 젊은 경영자 모임에 가입한 덕분에 어린 나이에 많은 선배 경영자들의 귀여움을 받았다. 고베 대지진이 일어난 뒤에는 그 모임의 이사장직을 맡기도 했다. 젊은 경영자 모임의 활동을 통해 인맥을 넓혔고, 그 인연으로 정말 신뢰할 수 있는 존경스러운 경영자들도 만날 수 있었다. 나와 같은 위치에서 고군분투하고 있는 선배 사장들의 이야기는 사소한 주제라도 내게 큰 용기를 주었으며, 그들이 내 이야기를 들어 주는 것만으로도 기운이 났다. 내가 개인 파산도 하지 않고 오늘날처럼 살 수 있는 것도 그분들 덕이라고 할 수 있다.

이해관계를 떠나 신뢰할 수 있는 사람이 있는가?

그렇다면 고독한 사장은 어디에서 멘토를 구해야 할까? 먼저, 상담 상대가 돼 줄 수 있을 법한 사람의 유형을 생각해 보자.

- 개인적인 인맥: 가족, 친척, 친구, 취미활동을 같이하는 친구, 이웃·지역 주민, 동창·동문 등
- 업무상의 인맥: 회사 내부 관계자, 거래처 파트너, 고객, 동업자, 세무사, 은행 관계자, 경영 단체 회원, 지방 자치 단체 관련자 등

이 가운데 가장 신뢰할 수 있는 사람은 누구일까?

우선 개인적인 인맥을 살펴보자. 먼저 친척의 경우 가족 경영을 하고 있는 경우라면, 속마음이 복잡하게 얽혀 있는 경우가 많을 것이므로 본심을 털어놓을 수 있는 관계는 만들기 어렵다. 가족, 친구, 이웃에게는 무슨 이야기든 할 수 있지만 경영과 관련된 상담을 할 수 있는 상대로서는 적합하지 않을 수 있다. 동창·동문 중에서는 잘하면 마음을 털어놓을 수 있는 사람을 찾을 수도 있다. 나도 대학 동창회에서 우연히 변호사로 일하는 선배를 만나 지금까지 30년 동안 개인적으로 지도를 받고 있다.

다음은 업무상의 인맥을 살펴보자. 후보가 많을 것 같지만

의외로 그렇지 않다. 먼저 회사 내부에서는 업무 이야기라면 몰라도 어려움에 처했을 때 상담할 수 있는 상대를 찾기는 어렵다. 거래처나 동업자의 경우, 대화는 잘 통할 수 있지만 어지간히 신뢰할 수 있는 관계가 아니면 매우 위험하다. 그래서 일반적으로는 세무사나 은행 관계자를 찾아가 상담할 때가 많은데, 이런 사람들에게 너무 많은 이야기를 하는 것도 생각해 볼 일이다.

나로서는 이해관계가 없는 다른 업종의 경영자 가운데 인간적으로 존경할 수 있는 사람이 가장 적합하다는 생각이다. 꼭 어디에서 만나느냐가 중요한 것은 아니다.

[표 3] 기업이 참가하고 있는 단체(복수 응답)

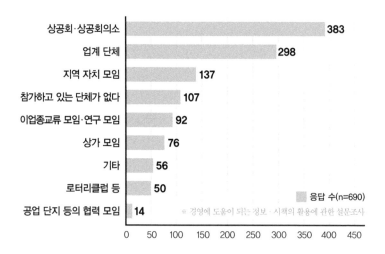

이익을 내는 사장들의 12가지 특징

특징 3

이익을 내는 사장의
조직 운영법

12 Secrets To Running A
PROFITABLE
COMPANY

체면이나 명예보다
살아남는 것이
최우선

특징 3. **이익을 내는 사장의 조직 운영법**

이익을 내는 사장의 마음가짐
**이익이 나고 있는데도 도산에 이르는 억울한 상황을
만들지 않기 위해서라도 회사의 관리 수준을 높여야 한다.**

메모는 비정하고 단호해져야 한다

"이대로라면 회사가 연말까지밖에 못 버팁니다. 매출이 절반으로 줄어든 이상 대폭적인 인원 감축은 피할 수 없습니다. 빨리 결단을 내리셔야 합니다."

회사 내부 혹은 외부 컨설팅 회사에서 이렇게 구조 조정을 거듭 재촉하는데 들은 척도 하지 않는 경영자를 종종 본다. 내게 상담을 받으러 온 사람 중에도 이런 사장이 있다. 그 사장도 구조 조정을 하면 회사가 살아날 수 있다는 것은 안다. 그러나 가족과도 같은 직원들을 해고하는 것만큼은 어떻게든 피하고 싶다는 마음에 결단을 계속 미루는 것이다. 한편으로는 체면이나 명예를 지키고 싶기 때문이기도 하고, 사회적으로 비난받을 상황이나 혼란스러운 상황은 피하고 싶다는 마음도 있는 듯하다.

'더 좋은 방법은 없을까? 돈을 더 빌릴 곳은 없을까? 아직 다른 해결 방법이 있을 거야'라며 고민하는 것은 좋지만, 더 이상 방법이 없다고 생각한다면 결단을 빨리 내리는 편이 회사를 위해서도, 직원들을 위해서도 좋다. 결단이 늦어질수록 계속 실적은 악화되므로 결국 더 많은 직원을 해고해야 할 상황으로 치닫게 된다. 그만큼 직원들에게 줄 수 있는 퇴직금도 줄어든다. 직원들이 더 큰 불이익을 떠안게 될 수도 있는 것이다. 그러다 판단을 미룬 결과 도산에 이르게 되면 모두가 불행해질 수도 있다. 직원들 입장에서 보면 오히려 빨리 결단을 내려 주는 편이 앞으로 어떻게 할 것인지 대책을 세우기에 용이한 것이다.

한편, 구조 조정이 늦어져서 회사가 도산하면 사장은 어떻게 될까? 당연하지만 개인사업장인 경우 사장의 개인 자산은 살고 있는 집과 함께 은행에 압류된다. 직원들처럼 퇴직금이나 실업급여도 받지 못한다. 본인뿐만 아니라 배우자나 자녀들까지 비참한 상황에 놓이게 된다. 그러므로 개인사업장의 사장은 무슨 일이 있어도 도산을 피해야 한다. **구조 조정을 해야 하는 상황에서 결정을 미룬다는 선택지는 사장에게 있을 수 없는 것이다.**

직원들을 해고하는 것이 비정하게 느껴질 수도 있지만, 다른 각도에서 보면 용납 가능한 비정함이라고도 할 수 있을 것이다. 가급적 상처가 깊지 않을 때 직원들이 이직을 할 수 있게 하는 것이 회사를 책임지는 사장의 임무다.

흑자도산만은 피하라

도산으로부터 회사를 지키기 위해서는 사장을 비롯해 회사 전체의 관리 수준을 향상시키는 것도 중요하다. 일본에서는 매년 8,000곳이 넘는 회사가 도산(부채액 엔화 1,000만 엔 이상, 한화 약 1억 1,000만 원 이상)하는데, 그 대부분은 중소기업이다. 중소기업은 대기업에 비해 재무의 기반이 취약한 탓에 경제가 불황이면 가장 먼저 도산에 몰리고 만다. 최근에는 정부의 경기부양책 덕분에 불황에 따른 도산은 감소했지만, 한편으로 흑자도산이 늘고 있는 추세다. 최근 도산하는 회사 중 절반은 흑자도산이라고 한다.

흑자도산은 장부상으로는 흑자인데 자금 회전이 잘되지 않아 수중에 현금이 부족해 거래처에 결제를 하지 못하는 바람에 신용도가 떨어지면서 도산에 이르게 되는 것을 말한다. 현금 부족은 외상매출금을 제때에 회수하지 못하거나 지나치게 재고를 많이 쌓아두는 경우에 발생한다. **이런 원인의 대부분은 평소에 리스크 관리를 철저하게 했다면 미연에 방지할 수 있는 것들이다.** 경영 부진으로 적자가 계속되어 도산하는 경우와는 성격이 전혀 다른 것이다.

경영은 흑자인데 경영 관리가 미숙한 탓에 도산해 버린다면 이보다 안타까운 일이 어디에 있겠는가?

직원은 일을,
사장은 회사의 존속을
책임진다

특징 3. 이익을 내는 사장의 조직 운영법

이익을 내는 사장의 마음가짐
사장에게는 사장만이 할 수 있는 업무가 있다.
그것은 회사의 미래를 생각하는 일이다.

사장이 땀 흘려 일하는 것이 회사의 미래는 아니다

듣기 거북한 표현이기는 하지만 사장이라는 직업은 심하게 말하면 '중간착취업'이다. 사장의 급여는 직원들이 열심히 일해 벌어 준 돈에서 조금씩 떼어낸 것이다. 혼자 힘으로 그 정도의 돈을 벌기는 도저히 불가능하다. 아니, 애초에 혼자서는 아무것도 하지 못한다. 직원이 있기에 큰 사업도 할 수 있는 것이다. 그 대신 사장은 회사의 존속에 대한 책임을 진다. 회사를 존속시키기 위해 현재와 미래의 온갖 요소를 고려하며 매번 최선의 결단을 내려야 한다. 회사라는 조직은 이처럼 사장과 직원이 역할 분담을 확실히 할 때 강해질 수 있다. 그래서 사장이라는 직업을 좋은 의미의 '중간착취업'이라고 하는 것이다.

당연한 말이지만, 사장이 사장실의 편안한 의자에 앉아 거들먹거리기만 하면 회사는 금방 망한다. 반대로 **사장이 현장에서 직원과 함께 땀을 흘리기만 해서는 회사의 미래가 없다. 사장에게는 사장이 해야 할 일이 있기 때문이다.**

이렇게 생각하면 직원에게 고마운 마음이 들 것이다. 나는 음음식점 대상의 부동산 임대업을 하던 시절부터 이렇게 생각해왔다. 당시 직원이 50명 정도 됐는데, 직원들의 생일을 전부 기억했다가 일일이 선물을 했고, 크리스마스에는 꼭 케이크와 편지를 함께 보냈다.

솔직히 말하면 나도 현장에서 바쁘게 일하는 편이 훨씬 즐겁다. 그러나 회사가 어느 정도 이상의 규모가 되면 조직적으로 움직일 필요가 있다. 사장이 현장에서 진두지휘할 여유가 없어지는 것이다.

현장의 일은 현장에 맡긴다

상담을 위해 나를 찾아온 어느 사장이 현장이 문제투성이라며 한번 둘러봐 달라고 해서 그 회사의 공장을 방문한 적이 있다.

"거 참, 이렇게 바쁜 시간에 오면 우리 보고 어떻게 일을 하라는 말이야?"

내가 공장을 둘러보고 있을 때 현장 직원이 혼잣말로 불만을 토로했다.

"죄송합니다. 꼭 여쭙고 싶은 게 있어서요."

내가 사과를 하자 그 직원은 말했다.

"아니, 당신 말고 우리 사장 이야기요. 용건도 없으면서 불쑥 찾아와서는 '5S가 제대로 되고 있지 않네', '재작업이 많네' 하고 시끄럽게 참견하는데, 정말 죽겠다니까."

내가 예상했던 대로였다. 현장에 문제가 있다기보다 사장과 현장 직원들 사이에 신뢰가 구축돼 있지 않고 오히려 서로에게 강한 불만을 품고 있다는 것을 알 수 있었다. 지금 사장은 창업자인 아버지의 뒤를 이어 경영을 맡은 2대 사장이었다. 3년 전 전기 기계를 만드는 대기업을 그만두고 아버지의 회사에 입사해 일하다가 1년 반 전에 사장이 되었다고 했다. 고령의 아버지를 대신해 실적을 끌어올리기 위해 두 팔을 걷어붙였지만, 큰 조직에서 30년 넘게 일해 온 탓인지 베테랑 직원들을 중심으로 직원이 십여 명 정도밖에 되지 않는 작은 공장의 작업 방식에 전혀 적응하지 못한 듯했다.

일류 대학을 나온 후계 사장들에게서는 현장의 의견을 들으려 하지 않는다는 문제점이 자주 나타난다. 위에서 내려다보며 무엇이든 강압적으로 지시하는 것이다. 창업 사장은 아무리 독불장군이어도 현장을 가장 잘 아는 사람이기에 직원들이 따르는 수밖에 없다. 그러나 후계 사장은 현장을 모르는 데다 이치에 맞지 않는 터무니없는 지시를 하는 바람에 거센 반발에 부딪히는 경우가 많다. 아니, 애초에 **사장이 현장 업무에 일일이 참견을 해서는 안 된다.**

공장을 둘러본 나는 그 사장에게 말했다.

"사장님, 현장에는 문제가 없습니다. 걱정 말고 앞으로 무엇을 할지 궁리하시기 바랍니다."

이 말은 물론 현장을 방치하라는 말이 아니다. 다만 계속 말하듯이 사장에게는 사장만이 할 수 있는 업무가 있다. 그것은 회사의 미래를 생각하는 일이다.

전 직원이
일치단결할
목표가 있는가?

특징 3. 이익을 내는 사장의 조직 운영법

이익을 내는 사장의 마음가짐

**전 직원이 같은 목표를 향해 일치단결할 수 있다면
조직은 말할 수 없이 강한 힘을 갖게 된다.**

사장은 회사의 꿈을 전하는 일류 전도사

"지금은 비록 작은 가게지만, 꼭 최고의 닭꼬치 체인으로 만들겠
어!"

사장이 목표로 삼는 회사의 모습이 직원들에게도 스며들면

그 회사는 반드시 성장하게 돼 있다. 지향하는 회사의 모습이나 사장의 마음이 직원들에게도 명확하게 전해지면 직원들은 자신이 무엇을 해야 하는지 알 수 있기 때문이다.

프로야구를 예로 들어 보겠다.

프로야구의 세계에서는 8월쯤 되면 우승을 노릴 수 있는 팀과 그렇지 못한 팀이 명확하게 나뉘기 시작한다. 우승을 노릴 수 있는 팀은 선수들의 목표가 우승이라는 하나의 점에 집중되므로 선수 개개인이 자신의 역할을 더욱 강하게 인식한다. 개개인이 자신의 역할을 충실히 수행하기에 팀으로서 믿을 수 없을 만큼 강한 힘을 발휘하게 된다. 한편 그렇지 못한 팀은 선수들의 목표나 마음이 제각각인 탓에 힘이 분산되어 버린다. 이렇게 분위기가 다른 두 팀이 맞붙는다면 어느 쪽이 이길지는 굳이 말할 필요도 없을 것이다. 이와 마찬가지로 만약 전 직원이 같은 목표를 향해 일치단결할 수 있다면 조직은 말할 수 없이 강한 힘을 갖게 된다.

다만 야구와 다른 점이 있다면, 야구의 경우는 '우승'이라는 알기 쉬운 목표가 있기에 감독이 굳이 시시콜콜 설명할 필요가 없지만 회사는 다르다. '우승'에 필적할 만한 꿈, 되고 싶은 모습을 사장이 알기 쉽게, 열정적으로 전달해야 한다.

이때 중요한 점은 직원들이 이해하기 쉬워야 한다는 것이다.

직원들의 귀에 쏙쏙 들어오고 계속해서 머릿속에 남지 않으면 의미가 없다. 이야기를 전하는 방식도 중요하다. 이론적으로 장황하게 설명하지 말고 짧게 여러 번 반복해서 전하는 방식이 좋다. 경영자는 회사의 꿈을 전하는 일류 전도사여야 하는 것이다.

목적지에 도달하기 위한 여정을 구상한다

목표로 삼는 회사의 모습을 직원들에게 전달하는 데 성공했다면, 다음에는 목적지에 도달하기 위한 여정을 구상해야 한다. 이것이 없으면 꿈도 비전도 그저 탁상공론에 불과하다.

꿈을 실현하기 위한 구체적인 계획을 만들고 실행하는 것은 회사를 경영하는 데 있어서 매우 중요한 일이다. 다만 무조건 '이것이 최선'이라고 하는 방법은 존재하지 않는다. 어떤 산을 오르고 싶은가에 따라 가야 할 길도 달라진다. 그리고 어떤 계획을 세워서 어떻게 실행할지는 사장이 결정하면 된다.

한 중소기업의 사장은 직원들이 쉽게 이용할 수 있도록 수첩 크기의 '꿈 실현 계획서'를 만들어 직원들에게 나눠 주었다. 그리고 이 계획서를 적극적으로 활용한 결과 직원들에게 공통의 목표와 경로가 침투했으며, 그 덕분에 '16기 연속 매출액 증가'

라는 위업을 달성했다고 한다. **사장이 강력한 리더십을 발휘해 자신의 마음을 회사 전체에 침투시키는 데 성공한 것이다.**

한편 매출액 4,000억 엔(약 4조 4,000억 원)을 자랑하는 어느 비상장 회사의 사장은 경영 계획을 일체 세우지 않는다고 한다. 직원이 3,000명이나 되는데 회의도 거의 하지 않는다. 그 사장의 말에 의하면 환경 변화가 너무 극심한 탓에 계획을 짜거나 회의를 하는 게 의미가 없기 때문이다. 아마도 이 사장의 최대 관심사는 숫자로 된 목표보다 환경 변화에 신속하게 대응하는 것이며, 이를 위해 그가 선택한 최선의 경영 방침이리라. 이미 사장의 가치관이 회사 전체에 침투해 있는 회사라면 특별히 무언가를 하지 않아도 사장이 지향하는 방향을 향해 자연스럽게 나아갈 수 있을 것이다.

이처럼 꿈을 실현하기 위한 방법은 얼마든지 있다. 기본은 사장이 리더십을 발휘해 적극적으로 추진하고, 사장의 마음을 알기 쉽게 직원들에게 전하는 것이다.

새로운
시스템을
도입하는 기준

특징 3. 이익을 내는 사장의 조직 운영법

이익을 내는 사장의 마음가짐
사장은 시간을 만들고,
그 시간을 소중하게 사용하는 풍토를 만들어야 한다.

직원들의 시간을 빼앗지 말라

중소기업에서는 시간이 매우 부족하다. 적은 시간을 어떻게 효
과적으로 사용하느냐에 회사의 사활이 걸려 있다. 그런 만큼 시
간 낭비를 철저히 줄여야 한다.

예를 들어, 새로운 시스템을 개발할 때 하나부터 열까지 전부 시스템에 포함시키려고 해서는 안 된다. 시스템 개발에 들어가는 비용이 과거에 비해 크게 저렴해진 것은 사실이지만, 그렇다고 해서 개발의 방향이 장부와 전표를 출력하는 데 초점이 맞춰지는 것은 지양해야 한다. 특히 중소기업에서는 사장의 의향에 따라 시스템이 개발될 때가 많기 때문에 사장의 입맛에 맞는 결과물이 나오는 경향이 있는데, 그 결과 직원들은 거의 사용하지 않는 장부·전표나 보고서류가 대량으로 만들어지게 된다.

여기까지는 그렇다 쳐도, 문제는 그 다음이다. 영업 사원이나 회계 담당자가 매일 많은 시간을 들여 그 서류들을 작성해야 하는 것이다. 사장은 가벼운 마음으로 요구한 것일지 모르지만 결과적으로 직원들의 시간을 잡아먹어 버리는 것이다. 특히 현장 경험이 적은 2대, 3대 사장들에게서 이런 경향이 자주 나타나는데, 사장은 누구의 시점에서 지시를 내려야 하는지에 대해 고민할 필요가 있다.

사장 때문에 시간 낭비를 하는 경우는 그 밖에도 많다. 나를 찾아온 한 사장도 회사에서 하루 종일 판매 계획 발표회를 열었다. 최근 들어 부서 간의 커뮤니케이션이 원활하지 않다는 생각을 한 그 사장은 판매 계획 발표회를 통해 문제를 해결해 보고자 했다.

나도 그 발표회에 초대를 받아서 참석했는데, 발표자에게 질문을 하는 사람이 한 명도 없었다. 아무래도 발표자들끼리 서로 질문을 하지 않기로 암묵적으로 합의를 한 모양이었다. 사장은 진지하게 발표를 듣고 있었지만 직원들은 대부분 고개를 숙이고 다른 일을 하고 있었다. 이런 식이라면 굳이 모든 부서가 한곳에 모일 이유가 없다. 개별적으로 발표 내용을 청취하면 그만인 것이다. 중소기업은 이런 데 시간을 낭비해서는 안 된다. 전직원이 한 자리에 모이기로 했다면 그 목적을 명확히 하고 철저하게 준비했어야 했다.

사장의 시간관념이 느슨해도 직원의 시간을 빼앗게 된다. 태연하게 회의에 지각하는 것은 바빠서가 아니라 단순히 시간관념이 느슨하기 때문이다. 그런 사장은 자신이 직원들의 귀중한 시간을 얼마나 빼앗고 있는지 계산해 보면 어떨까?

특히 미래를 준비할 시간을 만드는 것이 사장의 일

예전부터 사람, 물건, 돈을 자원의 3대 요소라고 했는데, 최근에는 여기에 시간과 정보를 추가해 5대 자원이라고 부른다. 이 자원들을 효과적으로 활용하는 것도 중소기업이 살아남기 위한 중요한 과제다.

중소기업에서는 사람이 특히 중요한 자원이다. 대기업은 설비(물건)나 자금력(돈)으로 승부할 수 있지만, **중소기업은 사람의 지혜와 의욕이 회사의 실적을 크게 좌우한다.** 그러므로 직원이 미래를 위한 일에 최대한 많은 시간을 투입할 수 있도록 근로환경을 정비하고 업무 방식을 개선하기 위해 궁리해야 한다.

일단은 할 수 있는 것부터 시작하자. 쉽게 할 수 있고 금방 성과가 나오는 일은 앞에서 이야기했듯이 시간 낭비, 비효율적인 작업, 특히 의미 없는 자료 작성하기를 철저히 배제하는 것이다. 그 다음에 해야 할 일은 지금의 업무 처리 방식이 최선의 방식인지, 더 편하고 정확하며 빠르게 할 수 있는 방법은 없는지 궁리해 가장 좋다고 생각되는 방식으로 바꾸는 것이다. 이때, 사장과 임원은 물론 영업 사원, 회계 담당자, 판매 사원 등 모든 직원이 하나가 되어서 지혜를 짜내야 한다.

다만 사장은 직원들과 똑같은 궁리를 하는 것이 아니라 사장의 위치에서 시간을 만들어 낼 방법을 생각해야 한다. 예를 들면, 시대에 뒤떨어지는 사업을 과감하게 정리하고, 그 사업에 몸담고 있던 인재를 미래의 중점 사업에 투입하는 방법 등을 궁리하는 것이다. 이렇듯 사장은 앞장서서 미래의 사업에 투입할 시간을 만들고 소중히 사용하는 풍토를 만들어 가야 한다.

정리·정돈만 잘해도
실적이
좋아진다!

특징 3. **이익을 내는 사장의 조직 운영법**

이익을 내는 사장의 마음가짐

문제점이 가시화되면 그 문제를 해결할 방법을 찾을 수 있다.
정리 · 정돈의 목적은 바로 그 문제점을 가시화하는 것이다.

정리·정돈이 실적에 미치는 영향

나는 회사를 방문할 때 반드시 사무실이나 공장이 깨끗하게 정
리 · 정돈되어 있는지 확인한다. 깔끔하게 정리되어 있는 회사는
대체로 실적이 좋다. 반대로 안내 데스크에서의 대응도 성의가

없고, 사내 곳곳에 자료나 카탈로그가 어지럽게 쌓여 있는 회사는 실적도 부진한 경우가 많다. 대부분 회사는 첫인상에서 회사의 실적을 판단할 수 있다. 이를 통해 나는 **정리·정돈을 철저히 하면 반드시 이익이 나고 실적이 좋아진다**고 확신하게 되었다.

일본 산업계에서는 30여 년 전부터 '5S'가 통용됐는데, 일본이 제조 강국으로 자리매김하면서 해외에서도 이 5S에 주목해 왔다. 그리고 지금은 '가이젠(현장 개선)'과 함께 일본발 현장 관리 기술로서 전 세계의 공장에 정착되었다. 참고로 5S라는 명칭은 정리Seiri, 정돈Seiton, 청소Seisou, 청결Seiketsu, 습관화 Shitsuke라는 일본어를 영어로 표기했을 때의 머리글자에서 유래했다. 5S의 정의를 간단히 소개하면 뒤에 나오는 표 4와 같다.

현재 일본의 제조업은 과거의 영광을 잃었지만, '가이젠', '5S'는 지금도 전 세계의 공장에서 통용되고 있다.

이익이 나는 회사로 체질을 개선하는 방법

그렇다면 정리·정돈을 함으로써 얻을 수 있는 효과는 무엇일까? 가장 작은 효과는 근무 환경이 깨끗해지는 것이고, 가장 큰 효과는 이를 통해 직장의 문제점이 선명하게 드러나게 된다는 것이다. 즉 조직의 문제점이 가시화되는 것이다. 당장 회사의 이익이 늘어나는 것은 아니지만, 그로 인해 다양한 과제가 부각된다. 과제가 부각되면 그 과제를 모두가 함께 해결해 나갈 수 있게 된다. **인간으로 비유하면 근력을 높이는 활동이 아니라 면역력을 높이는 활동에 가깝다고 할 수 있다.** 체질 개선 효과가 큰 것이다.

정리 · 정돈 문화는 제조 분야에서는 이미 많이 정착되었지만, 안타깝게도 유통업이나 서비스 분야에서는 아직 관심도가 낮은 것이 현실이다. 이 말은 즉, 지금 5S를 회사에 도입하고 정착시키면 경쟁사들 사이에서 우위에 설 수 있다는 뜻이기도 하다. 문제는 새로운 관리 방식을 도입할 때 직원들이 저항감을 드러낼 수도 있다는 것인데, 어렵게 생각할 필요 없다. 오히려 어깨의 힘을 빼고 일상적인 업무의 연장선상에서 도입하면 되는 것이다.

사무실이나 점포, 창고, 조리 현장 등에 5S를 도입하면 선반이나 책상 위가 깨끗해질 뿐만 아니라 자료나 물건을 찾을 때 낭비하던 시간을 크게 줄일 수 있다. 작업의 안전성도 높아진다. 무엇보다 직원들의 머릿속도 정리 · 정돈되는 효과가 크다.

이런 활동이 정착되면 은행에서도 그 회사에 대해 좋은 인상을 받을 것이 틀림없다.

[표 4] 5S의 일반적인 정의

정리(Seiri)	필요 없는 것을 버린다.
정돈(Seiton)	정해진 물건을 정해진 장소에 두고 언제라도 꺼낼 수 있는 상태로 만들어 놓는다.
청소(Seisou)	항상 청소를 한다.
청결(Seiketsu)	3S(정리·정돈·청소)를 꾸준히 해서 직장의 위생 상태를 유지한다.
습관화(Shitsuke)	정해진 규칙, 절차를 올바르게 지키는 습관을 들인다.

이익을 내는 사장이
직원의 의욕을
높이는 법

12 Secrets To Running A
PROFITABLE
COMPANY

직원이 가진 것 이상의 능력을 끌어내는 방법

특징 4. 이익을 내는 사장이 직원의 의욕을 높이는 법

이익을 내는 사장의 마음가짐

불평할 틈이 있으면 먼저 직원들을 칭찬하자.
상황에 맞는 적절한 칭찬은 직원들의 의욕을 높여준다.

직원 스스로 사장과 함께하는 미래를 꿈꾸게 하라

성장하는 회사의 직원들에게서는 활기가 느껴진다. 사무실을 들여다보면 다들 목소리가 크고 움직임도 민첩하며 때때로 여기저기서 웃음소리가 들리기도 한다. 표정들도 모두 밝다.

한편 실적이 나쁜 회사는 장례식장처럼 조용하다.

이런 차이는 대체 어디에서 오는 것일까? 답은 간단하다. 사장의 태도가 크게 다르기 때문이다. 직원이 가지고 있는 힘이 10이라면 무능한 사장은 그중 5나 6 정도밖에 끌어내지 못한다. 그에 비해 유능한 사장은 13, 15 정도로 직원이 지닌 것 이상의 힘을 발휘하게 한다. 결국 직원이 지니고 있는 능력이 같더라도 그 힘을 어떻게 발휘하게 하느냐에 따라 회사의 힘이 두 배, 세 배씩 차이 나게 되는 것이다. 당연히 실적에도 큰 차이가 생기게 된다.

유능한 사장은 이 점을 잘 알고 있기에 직원들의 능력을 최대한 이끌어내려고 노력한다. 한편, 이러한 사실을 깨닫지 못한 무능한 사장은 직원들에게 험담을 늘어놓는 등 의욕을 잃게 만든다.

직원들이 능력을 발휘하도록 하는 방법은 다양하다.

첫째는 높은 급여와 다양한 복리후생, 많은 휴가와 정시 퇴근 등 직원들에게 대우를 잘해주는 방법이다. 그러나 중소기업에서 이런 것들을 강점으로 내세우기는 어려울 것이다.

둘째는 자아실현이나 성장의 기회를 많이 부여하는 방법이다. 이는 최근 젊은 사원들이 회사에 기대하는 것이며 중소기업이 강점으로 내세울 수 있는 것이다. 중소기업 직원들은 대기업과 달리 많은 것을 본인의 판단하에 처리할 수 있다. 자신이 회사의 실적에 얼마나 공헌하고 있는지도 금방 실감할 수 있다. 사장에게 인간적인 매력을 느끼는 경우에는 '사장과 함께 10년 후에는 이런 회사를 만들고 싶다'는 꿈을 꿀 수도 있다.

유능한 사장은 이런 중소기업의 강점을 활용해 직원의 능력을 효과적으로 끌어낸다.

직원의 능력을 끌어내는 세 가지 비결

중소기업의 인력, 인재 문제는 갈수록 심각해지고 있다. 그러나 아무리 불평한들 달라지는 것은 없다. 불평할 틈이 있으면 먼저 직원들을 칭찬하도록 하자.

직원들이 능력을 발휘하도록 만들고 싶다면 그들의 의욕을 높여 주어야 한다. 그리고 그러기 위해서는 무엇보다 **먼저 직원들을 칭찬해 줘야 한다.**

얼마 전에 나는 어떤 자리에서 통신판매 회사인 자파넷 다카타를 창업한 다카타 아키라 씨를 만났다. 다카타 씨는 자신이 이미 사장 자리에서 물러나 사업에는 일체 관여하지 않는다고 말하면서도 지금의 번영은 모두 직원들이 열심히 지혜를 짜내 수

많은 난관을 극복해 준 덕분이라며 입에 침이 마르도록 직원들을 칭찬했다. 그냥 하는 말이 아니라 진심으로 그렇게 생각한다는 것이 내게도 느껴졌다.

내가 존경하는 어느 회사의 사장도 옛날부터 기회가 있을 때마다 직원들을 칭찬했다고 한다. 회사 밖에서만 그러는 것이 아니라 회사 안에서도 마찬가지였는데, 순수하게 고마워하는 마음에서 하는 말이기에 그의 말이 가식적으로 들리거나 거부감이 느껴지지 않았다.

물론 그저 칭찬만 해 주면 되는 것은 아니다. 직원들이 이 회사에서 무엇을 하고 싶은지, 어떻게 하고 싶은지 같은 의견을 귀 기울여 들어 주는 것도 중요하다. 그런 다음 각각의 직원들에게 무엇을 기대하고 있는지 알기 쉽게 전하도록 하자.

'칭찬하기', '들어 주기', '기대하기'를 매일 실천하면 직원들은 회사와 사장이 자신을 필요로 한다고 여기게 된다. 그러면 반드시 의욕이 솟아난다. 직원들이 사장과의 사이에 형성된 신뢰 관계를 바탕으로 안심하고 명확한 목표를 향해 일에 매진한다면 그들은 틀림없이 상상 이상의 능력을 발휘하게 되어 회사에 큰 이익을 가져다 줄 것이다.

젊은 직원들과는 어떻게 소통해야 할까?

최근 들어 사장의 지시를 금방 이해하지 못하는 젊은 직원이 늘고 있는 모양이다. 특히 젊은 사원들의 커뮤니케이션 방식은 사장에게 골치 아픈 문제다. "이것 좀 해 놓게"라는 말이 전혀 통하지 않는 것이다.

"지난번에 지시했던 일은 어떻게 됐나?"

직원에게 지시했던 일에 대한 보고가 전혀 없어서 사장이 먼저 물어보면 태연하게 "지시하신 내용이 잘 이해가 안 돼서 다시 한번 확인해 보려던 참이었습니다"라고 말하는 경우도 있다. 결국 그 과정에서 중요한 주문을 놓쳐 버렸더라도 담당자는 명확한 지시를 내리지 않은 사장의 잘못이라는 식으로 말한다고 한다. 커뮤니케이션 문제는 이렇게 회사에 큰 손실을 입힐 수 있는 큰 문제다.

최근 들어 이런 종류의 문제가 늘고 있다. 자칫하면 대형 사고로 이어질 수도 있다. 예전처럼 얼굴을 맞대고 이야기하는 것이 아니라 컴퓨터나 스마트폰을 통해 지시하거나 연락하는 일이 많은 탓도 있을 것이다. 그러니 젊은 직원에게 지시를 할 때는 차근차근 이해하기 쉽게 말하도록 하자. 그리고 지시 내용이 올바르게 전달되었는지 확인하자. 돌다리도 두드려가며 건너야 하는 것이다.

　답답하게 느껴지겠지만, 의도가 제대로 전달만 된다면 젊은
직원들은 기대 이상으로 훌륭한 결과물을 가져다줄 것이다.

사장은
악역은
연기하지 않는다

특징 4. 이익을 내는 사장이 직원의 의욕을 높이는 법

이익을 내는 사장의 마음가짐

하나부터 열까지 사장이 모든 일을 하는 회사의 미래는 밝지 않다.
유능한 사장은 사장의 역할을 분담해 줄 인재를 키운다.

사장 혼자 경영하면 인재를 키울 수 없다

얼마 전에 어느 금속정밀가공 회사의 사장이 상담을 위해 나를
찾아왔다. 꽤 고령의 나이임에도 여전히 활력이 넘치고 엔지니
어로서의 내공이 느껴지는 사장이었다. 그 사장은 회사원인 아

들에게 회사를 맡기고 싶은데 걱정이 된다며 상담을 요청했다. 자신이 건강할 동안에는 괜찮겠지만 언젠가 자신이 세상을 떠나면 베테랑 직원들이 회사를 멋대로 주무르지 않을까 싶어 걱정하고 있었다.

그 사장에게 내가 물었다.

"회사에 아드님을 도와줄 만한 사람이 있습니까?"

"아니요, 없습니다. 저도 줄곧 혼자서 회사를 경영해 왔고요."

"그렇다면 아드님의 오른팔이 되어 줄 수 있는 사람을 빨리 물색해 놓는 게 좋을 것 같습니다."

"그게…… 저도 그러고 싶은데, 괜찮은 사람이 좀처럼 보이지 않아서요. 어디 괜찮은 사람이 없을까요?"

아무래도 이것이 그가 나를 찾아온 진짜 목적이었던 듯하다.

이처럼 제조업 분야의 중소기업 사장 중에는 하나부터 열까지 자신이 모든 일을 맡아서 처리하는 사장이 많다. 본인이 직접 하면 그만큼 비용을 줄일 수 있기 때문이다. 문제는 이 때문에 사장이 본래 해야 할 업무인 회사의 미래에 대한 대비를 전혀 할 수 없다는 것이다. 이렇게 해서는 언제까지고 현재 상태의 연장선상에서 벗어나지 못하게 된다. 그리고 이런 방식은 고객으로부터 주문이 들어오지 않으면 도산하는 수밖에 없는 최악의 방식이다.

또 한 가지 문제는 사장 혼자서 경영을 전담하는 탓에 사장을 보조할 유능하고 신뢰할 수 있는 인재, 이른바 심복이 성장하지 못한다는 점이다. 사장이 갑자기 병으로 쓰러지거나 사고로 병원에 입원하는 상황도 염두에 두고 대비해야 하는데, 일상적인 업무에 쫓긴 나머지 여기까지 신경을 쓰지 못하는 것이다.

이래서는 회사를 물려받아 경영하게 될 아들의 앞날이 고될 수밖에 없다.

유능하고 신뢰할 만한 분신 같은 존재를 옆에 둔다

조직이나 시스템이 잘 정비되어 있는 대기업의 경우는 사장이 자리를 비우더라도 회사가 문제없이 돌아간다. 그러나 조직과 시스템이 간소한 중소기업의 경우는 자연스럽게 업무가 사장에게 집중되게 된다. 그런 까닭에 바쁜 사장을 보조해 줄 심복이 꼭 필요하다.

심복이 필요한 이유는 그뿐 만이 아니다. 현장 직원 중 리더십이 강한 직원이 있거나 사장이 지나치게 얌전하면 직원들이 사장의 지시를 순순히 듣지 않는 경우가 있다. 그럴 때 사장을 음지에서 뒷받침해 줄 유능한 심복이 있으면 사장도 안심할 수 있으며, 직원들도 사장을 무시하지 못하게 될 것이다.

또한 현장 직원들과 커뮤니케이션하는 데 서툰 사장도 있다. 일을 하다 보면 때로는 엄하게 꾸짖어야 할 때도 있는데, 이럴 때 신뢰 관계가 제대로 형성돼 있지 않은 상황에서 사장이 언성을 높이면 현장은 순식간에 얼어붙어 버리고 만다. 이럴 때 심복이 사장을 대신해서 엄하게 주의를 주는 역할을 할 수 있다. 그리고 이런 경우에 **사장은 직원들을 달래 주는 역할을 하면 좋다.** 일종의 역할 분담인 것이다.

그 밖에도 심복이 사장을 대신해서 해 줄 수 있는 일은 얼마든지 있다.

'심복'이라는 말은 중국의 고사에서 유래된 말로, '자신의 배나 심장에 필적할 만큼 소중한 사람'이라는 의미다. 요컨대 사장의 심복은 사장의 분신 역할을 하는 것이다. 분신으로서 심복이 할 수 있는 가장 큰 역할은 사장의 체면이 걸린 일을 해야 할 때의 대역, 즉 악역이다.

이런 일을 맡아서 해 줄 사람을 찾기는 매우 어려운데, 평소에 사장의 인품에 매력을 느낀 경우 '이 사람을 위해서라면……'이라며 심복이 되는 경우가 많다. 이런 이유에서도 사장은 평소부터 리더의 자리에 걸맞게 행동해야 하는 것이다.

직원 관점에서
현장을
소중하게 여긴다는 것

이익을 내는 사장의 마음가짐
인재 확보는 매출 확대를 위해서도 매우 중요한 과제다.
따라서 직원 중심의 현장 운영이 무엇보다 중요하다.

일손 부족이 회사를 약하게 만든다

실적 좋은 중소기업의 사장은 현장을 소중하게 여긴다. 좀 더 정확하게 말하면 직원들이 일하는 현장 환경을 소중하게 여긴다.

화학제품을 성형하는 어느 회사의 사장은 최근 공장을 증축

하면서 과감하게 방음·단열이 되는 벽을 시공하고 대형 에어컨을 설치했다. 이 공장에서 일하는 직원은 대부분 중년의 주부들이다. 과거에 규모가 작은 공장들이 밀집해 있던 이곳이 현재는 완전히 주택가로 변하면서 이 회사는 인근에 사는 주부들을 대거 채용했던 것이다. 공장 내부는 항상 깨끗하고 청결한 상태를 유지하고 있으며, 위험한 사고는 전혀 일어나지 않고 있다고 했다. 아울러 회사의 실적도 매우 좋다고 했다.

소매업 분야의 어느 가구 체인에서 직원들이 사용하는 화장실을 리모델링했는데, 그 뒤로 직원 이직률이 눈에 띄게 줄었다고도 한다.

중소기업의 경우 인재 부족 문제가 점점 심각해지고 있다. 인재 확보는 매출 확대를 위해서도 매우 중요한 과제다. 따라서 이렇게 직원들을 위한 편의시설을 확충하거나 청결하고 깨끗한 근무환경을 만들기 위해 시도하는 중소기업은 앞으로 더욱 늘어날 것이다.

다만 작업 현장의 환경 정비는 하드웨어 측면만의 문제가 아니다. **중요한 것은 그곳에서 일하는 직원들이 직장을 쾌적하게 느끼느냐다.** 뉴스를 보면 대기업이나 관공서의 성희롱, 지위를 이용한 괴롭힘 문제가 자주 보도되는데, 중소기업도 리스크 관리 측면에서 '우리 회사는 괜찮은지', '악덕 기업으로 평가받고 있지는 않은지' 등을 신경 쓰며 앞으로 직장 환경을 어떻게 개선할 것인지 생각할 필요가 있다.

진정한 '현장 중시'란?

자신은 현장을 위한 행동이라고 생각하지만 현장 사람들은 질색하는 것이 있다. 바로 사장의 현장 시찰이다. 진정으로 현장을 소중히 여긴다기보다 자신이 현장을 중시한다고 어필하기 위해 현장을 둘러보는 사장이 많다.

어느 음식점 체인 회사의 경우, 손님이 많은 시간에 점포를 방문해 현장의 일을 방해하는 경우도 있다는 이야기도 들은 적이 있다. 특히 문제가 되는 것은 본사의 담당 과·부장들이 와서는 이것저것 참견하는 것이다. 그들은 사장에게 잘 보이기 위해 그러는 것일 수도 있지만, 이런 경우 사장은 '**무엇이 진정으로 현장을 중시하는 것인가**'를 생각해 봐야 한다. 사장의 면전에서 사장의 현장 시찰을 비판할 수 있는 직원은 없기 때문이다.

수년 전 어느 사장이 나를 찾아와서는 사내의 분쟁을 원만하게 수습할 방법이 없겠느냐며 도움을 청한 적이 있다. 한 직원이 전화 예절 문제로 상사와 마찰을 빚었고, 그로 인해 회사의 분위기가 험악해졌다는 것이다. 그래서 나는 "사장님께서는 실제로 무슨 일이 일어나고 있는지 제대로 보고 계신 겁니까? 사장실에 앉아서 보고만 받지 말고 현장에 가서 직접 확인해 보시면 어떻겠습니까?"라고 강한 어조로 권했다.

이에 사장은 즉시 행동에 나섰다. 문제 직원의 뒤쪽에 자리를 마련하고 그곳에서 하루 종일 현장의 모습을 관찰한 것이다. 그런 사장의 태도에 문제를 일으켰던 직원은 물론 다른 직원들의 태도도 크게 달라졌고, 회사도 예전의 분위기로 돌아왔다고 한다.

[표 5] 매출 확대를 위해 해결해야 할 과제(복수 응답)

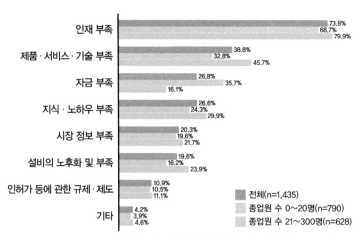

※ 도쿄 상공회의소 '중소기업의 경영 과제에 관한 설문조사 결과'(2017년 3월 7일)

이익을 내는 사장들의 12가지 특징

이익이 나는
회사의 직원은 실패를
두려워하지 않는다

특징 4. 이익을 내는 사장이 직원의 의욕을 높이는 법

이익을 내는 사장의 마음가짐

직원 스스로 계획을 세우고
스스로 판단해 업무를 처리할 수 있게 한다.

직원은 최선을, 사장은 책임을 다한다

지금까지 '중소기업은 전부 사장에게 달려 있다'는 사실을 거듭
강조했지만, 일상의 업무에 한해서는 '중소기업의 성장은 전부
직원에게 달려 있다'고 말할 수 있다. 그 정도로 많은 권한을 직

원에게 주고 있는 것이 중소기업의 특징이자 강점이다.

마쓰시타 고노스케는 마쓰시타전기(현재의 파나소닉)를 갓 창업했을 무렵, 기회가 있을 때마다 직원들에게 "사람들이 마쓰시타전기가 무엇을 만드는 곳이냐고 물어보면 '마쓰시타전기는 사람을 만드는 곳입니다. 그리고 아울러 전기 기구도 만들고 있습니다'라고 대답하십시오"라고 이야기했다고 한다. 그 의미는 '사람을 먼저 양성하지 않으면 사업은 성공하지 못한다'는 것인데, 이 생각이 직원들에게 스며들었기에 기술은 물론 자본도 신용도 빈약했던 작은 회사가 맹렬한 기세로 성장할 수 있었다. 그러나 마쓰시타 고노스케는 한편으로 "사람 만들기는 돈 벌기보다 훨씬 어렵다"고 말하기도 했다.

나는 인재 육성에 관해 대단한 말을 할 수 있는 처지는 아니다. 다만 고베에서 사업을 하던 시절에는 어떻게 해야 직원들이 하루라도 빨리 한 사람 몫의 일을 해낼 수 있게 만들지에 대해 끊임없이 궁리했는데, 최대한 이른 시기에 많은 실패를 경험케 해서 그 실패를 양분으로 삼아 성장하도록 만들자는 결론을 내렸다. 그리고 그러기 위해 직원들에게 "자네는 최선을 다하게. 만에 하나 일이 잘못되면 책임은 내가 질 테니"라고 입버릇처럼 말하곤 했다. 물론 그렇다고 실패를 장려한 것은 아니다. 실패를 두려워하지 말고 큰일에 도전해 주기를 바랐던 것이다. 그러다

만약 무슨 문제라도 생기면 그때는 사장이 대처하면 되는 것이기 때문이다.

결과적으로는 고맙게도 다들 훌륭히 일을 해 줬다. 직원이 스스로 계획을 세우고 스스로 판단해서 업무를 처리할 수 있다면 중소기업으로서는 이보다 든든할 수가 없을 것이다.

직원들은 항상 사장을 지켜보고 있다

마쓰시타 고노스케가 말한 것처럼 '사람 만들기'는 힘든 일이다. 그런데 내가 가장 존경하는 한 사장은 자연스럽게 대하는 것만으로도 직원들을 성장시키고 있다. 적어도 내가 볼 때는 그렇다. PDCA[2]나 방침 관리, '보고, 연락, 상담' 같은 말을 들먹이면서 시끄럽게 직원들을 지도하는 모습은 본 적이 없다. 하물며 그 회사에 대기업처럼 제대로 된 교육 제도가 있는 것도 아니다. 그럼

---

2 사업 활동에서 생산 및 품질 등을 관리하는 방법으로 Plan(계획) – Do(실행) – Check(점검) – Act(개선) 또는 Plan(계획) – Do(실행) – Check(점검) – Adjust(조정)을 말한다.

에도 어떻게 인재들이 성장하는지 항상 신기하게 여겼는데, 그 이유를 깨달았다. 사장의 평소 행동이 자연스럽게 직원들이 인재로 성장하는 기업 풍토를 만들었던 것이다. 그 사장은 항상 첫 차를 타고 회사에 출근한다. 퇴근도 보통은 제일 마지막에 한다. 항상 웃는 얼굴로 직원을 대하며, 화난 표정은 절대 보이지 않는다. 그 사장은 이런 자세를 40년 동안 꾸준히 유지해 왔다. 그러니 직원들도 안심하고 일할 수 있었을 것이다. 나는 직원들의 모습에서 그들이 사장을 존경하고 있다는 것을 느낄 수 있었다.

직원들이 '이 사장과 함께 일할 수 있어서 즐거워'라고 생각하는 회사는 절대 약할 수가 없다. 사장이 무언가 특별한 행동을 하지 않아도 직원들이 자연스럽게 성장하기 때문이다.

달리 말해 이 사장은 사장과 직원의 거리가 가까울 수밖에 없는 중소기업의 장점을 최대한 활용해 가장 효과적이면서도 비용은 적게 드는 방식으로 인재를 육성하고 있다고 할 수 있다. 직원들은 사장이 생각하는 것 이상으로 사장을 지켜보고 있는 것이다.

어떻게든 시장에서
살아남는다

12 Secrets To Running A
PROFITABLE
COMPANY

대기업과는
같은 경기장에서
싸우지 않는다

특징 5. **어떻게든 시장에서 살아남는다**

이익을 내는 사장의 마음가짐

거대 자본이 골목상권까지 넘보고 있는 이때,
감시의 안테나를 가동하고, 대기업을 역이용할 방법을 궁리한다.

대기업과의 싸움에서 이기는 세 가지 전략

"머지않아 이 시장에도 대기업이 진출할 텐데, 좋은 대책이 없을
까요?"

최근 들어 유통, 음식, 숙박, 레저 산업 분야에서 이런 상담

요청이 늘고 있는데, 내 대답은 간단하다. '대기업과 같은 시장에서 싸워서는 절대 안 된다'는 것이다. 무엇보다 먼저 자신의 분수를 알아야 한다.

최근 들어 대기업들의 지방 진출이 더욱 활발해지고 있다. 처음에는 도시 지역에만 진출했었지만, 최근에는 지방으로도 속속 진출하고 있는 것이다. 아직은 그런 조짐이 보이지 않고 있는 지역이라 해도 결코 남의 일처럼 생각해서는 안 된다. 경영자라면 '내일은 내 차례가 될 것'이라는 각오를 해 두어야 한다.

개중에는 '지금까지도 이렇게 살아남았는데, 앞으로라고 못 살아남겠어?'라며 안일하게 생각하는 경영자도 있다. 물론 버블 경제가 붕괴되었을 때도, 리먼브라더스 사태가 일어났을 때도 어떻게든 극복해 왔기에 지금의 회사가 있는 것은 분명한 사실이다. 그러나 앞으로 시장이 확대될 가능성은 거의 없다. 기존과 같은 생각과 경영 방식만 고집하다가는 틀림없이 낙오되고 말 것이다.

"자본력이 다르다는 게 어떤 건지 아십니까? 소모전으로 가면 사장님의 회사와 대기업 중 어느 쪽이 살아남을까요? 대기업이겠지요? 대기업은 반드시 소모전을 유도하려고 할 겁니다."

이렇게 말하면 위기감이 부족했던 사장들도 금방 이해한다. 적자를 각오하고 가격 경쟁으로 몰고 가면 결국 대기업이 승리할 것은 자명한 사실이다. 만약 자기 회사와 같은 시장에 대기업이 뛰어들었다면 도산의 위기는 한층 증폭되게 된다. 이때는 대책을 세우기에는 이미 늦은 것이다.

이런 상황에 내몰리지 않기 위해서는 평소에 감시의 안테나를 가동시켜야 한다. 미리 겁을 먹고 앞질러 가는 것이다. '겁을 먹는다'고 하면 기분 나쁘게 들릴지도 모르지만, 리스크가 따르는 일에 대해서는 조금 겁쟁이가 되는 것도 괜찮다. 평소에 귀를 쫑긋 세우고 있으면 주변에서 무언가 움직임이 있을 때 누구보다 먼저 알아차릴 수 있다. 조기에 정보를 입수할 수 있으면 늦기 전에 대책을 세울 수도 있다. 내 지인 중 한 사람은 대기업이 진출할 거라는 정보를 입수하자마자 그 즉시 진출 후보지를 비싼 값에 사들여 대기업이 진출하는 것을 저지할 수 있었다. 선수를 침으로써 화를 면한 것이다.

그러나 일반적으로 대기업의 진출을 저지하는 게 쉬운 일은 아니다. 그러므로 대기업을 상대로 살아남을 방법을 궁리해 놓을 필요도 있다. 중소기업이 살아남기 위한 전략으로는 '온리 원 전략', '블루오션blue ocean 전략', '글로벌 니치 톱global niche top 전략' 등이 있다. 이런 전략들과 관련된 서적도 많이 나와 있으니 흥미가 있는 사람은 읽어 보길 바란다.

다만 그런 책들은 아주 우수한 극소수의 성공 사례를 주로 소개하는 것이 대부분이다. 따라서 이 책에서는 평범한 중소기업도 할 수 있는 것으로, 나와 1,200명이 넘는 중소기업 사장이 함께 궁리했고 실천해 온, 투박하기까지 한 생존 방법을 소개하고자 한다.

주된 생존법은 다음과 같다.

첫째, 시간과 수고가 요구되는 사업으로 승부한다.
둘째, 대기업이 뛰어들지 않는 곳에서 승부한다.
셋째, 대기업의 진출을 역이용해서 승부한다.

시간과 수고를 무기로 삼는다

내 경험에 입각해서 이야기하자면, 설령 대기업이 당신의 회사 근처에 진출하더라도 당신은 충분히 살아남을 수 있다. 비즈니스의 원점으로 돌아가 방책을 궁리하면 활로는 반드시 열리게 돼 있다.

참고가 될 만한 방책을 사례와 함께 소개하겠다.

간사이 지방에서는 다코야키나 오코노미야키 같은 분식 사업이 돈이 된다는 것이 정설이다. 그 이유는 복잡하게 생각할 것없이 음식의 원가가 낮아서 큰 이익을 얻을 수 있기 때문이다. 그렇다면 원가가 비싼 꼬치구이나 닭꼬치 사업을 하는 사람은 어떻게 해야 할까? 꼬치구이나 닭꼬치 사업으로 돈을 벌기 위해서는 가장 손이 많이 가는 꼬치 꿰는 작업을 직접 해야 한다. 이 작업을 밖에 맡겨서는 수지가 맞지 않는다. 노력을 아까워하지 않고 시간과 수고를 들임으로써 이익을 만들어 내는 것이다. 이 것이 바로 비즈니스의 기본이다.

내가 옛날에 부동산 임대 사업을 할 때도 마찬가지였다. 점포 내에 설비가 이미 다 갖춰져 있어서 입주하면 곧바로 영업을 할 수 있는 음식점 전용 빌딩이었는데, 그 덕분에 임대료를 상당히 높게 책정할 수 있었다. 다만 그 사업은 관리가 큰일이었다. 저녁마다 입주자들에게서 에어컨이 고장 났다거나 화장실 변기가 막혔다는 등의 민원이 폭주했는데, 그러면 한밤중에 수리를 시작해 다음날 영업시간 전까지 완벽하게 고쳐 놓아야 했다. 이런 나날이 매일 계속 이어졌다. 정말 손이 많이 가는 일이었지만 그것이 우리 사업의 세일즈 포인트였기 때문에 소홀히 할 수도 없었다. 그리고 그 덕분에 이 서비스의 질이 좋은 평가를 받아 그 일대에서 점유율과 수익률이 압도적으로 높았다.

대기업은 적은 이익밖에 기대할 수 없는 분야에는 좀처럼 진출하지 않는다. 그러므로 지역과 밀착해서 열심히 일해 적더라도 꾸준히 이익이 나는 비즈니스를 하는 것도 효과적인 방법이다. 문제는 그 회사의 '이념에 부합하는가', '장래성이 있는가', '장기적으로 얼마나 이익을 확보할 수 있는가'다. 단순히 이삭줍기 식의 사업이라면 '사업'이라고 부를 수 없다.

대기업이 뛰어들지 않는 곳을 찾아낸다

대기업이 뛰어들고 싶어도 뛰어들 수 없는 분야에서 승부하는 것도 좋은 방법이다. 이 또한 내가 경험한 것이다.

고도 성장기에 큰 이익을 냈던 부동산 임대 사업이 성숙기로 접어들자 나는 새로운 사업을 시작하기로 했다. 이를 위해 어떤 사업이 좋을지 이것저것 검토한 나는 최종적으로 번화가에 있는 다목적 빌딩을 경영해 볼 생각을 했다. 그 지역에 대한 지식이 있어야 할 수 있는 사업이면서 대형 부동산에서 뛰어들지 않는 분야라는 것을 알고 있었기 때문이다. 다세대 주택 사업도 시작했는데, 서비스업에 종사하는 독신 여성용 주택으로 특화해 큰 성공을 거두었다. **이쪽은 이익률이 매우 높음에도 대기업이 절대 뛰어들지 않는 분야다.**

대기업의 진출을 역이용한다

예전에 어느 편의점이 대형 슈퍼마켓 체인의 부지 근처에 거듭 출점해 성공을 거둬들이면서 유명해진 적이 있었다. 본래 슈퍼마켓을 이용하러 온 고객을 슈퍼마켓보다 더 저렴한 가격을 내세워 유인한 것이다. 슈퍼마켓에 비해 광고비를 들이지 않는 만큼 가격을 낮춰서 고객을 끌어들일 수 있었던 것이다. 이런 방식을 소위 '빨판상어 기법'이라고 하는데, 이 방식은 지금도 충분히 통용되는 전략이다.

최근에는 대형 인터넷 쇼핑몰 사이트 한편에 별도의 영업 공간을 마련해 놓고 파격적인 가격에 영세 사업자를 모집하는 회사도 나타나고 있다. 이 사업으로 어떻게 이익을 낸다는 것인지 궁금했는데, 알고 보니 영세 사업자의 홈페이지를 제작·관리해 줌으로써 이익을 내는 방식이라고 한다. 말하자면 인터넷 시대에 어울리는 빨판상어 기법이라고 할 수 있다. 중소기업이기에 시도해 볼 수 있는 전략이다.

이런 사례들을 힌트 삼아 현재의 사업을 재검토해 보길 바란다. 미리 대비해서 나쁠 것이 없고, 먼저 행하면 반드시 이기게 돼 있음을 명심하자.

전통의 무게를
어떻게
활용할 것인가?

특징 5. 어떻게든 시장에서 살아남는다

이익을 내는 사장의 마음가짐

**회사가 망하면 그것으로 끝이다. 복구할 수 없는 사업이라면
과감하게 버리고 새롭게 시작하는 용기도 필요하다.**

100년 기업도 망하는 건 한순간

하루가 멀다 하고 도산하는 중소기업에 대한 기사가 쏟아지
만 여전히 많은 사람들이 중소기업이나 자영업에 진출하고 있
다. 신생 회사는 신생 회사 나름의 어려움이 있지만, 대대로 물

려 내려오는 '노포'라고 해서 애환이 없는 것은 아니다. 개중에는 전통적인 방식에 안주한 나머지 노력을 게을리하는 회사도 적지 않다.

'노포'라고 하면 장기적으로 견실하게 경영을 한다는 이미지가 있지만, 실제로는 과거의 영광에만 매달리다가 계속된 적자로 존폐의 위기를 맞이한 회사도 많다.

간사이 지방에서 200년 넘는 역사를 자랑하는 A사는 전통적인 문구류를 취급하는 회사로, 모르는 사람이 없을 정도로 유명한 기업이다. 그러나 장기적인 경영 부진에 시달리고 있었는데, 이 회사의 전무가 나를 찾아와 현재의 힘든 상황을 타개할 방책이 없겠냐며 상담을 요청했다. 아무래도 그가 나를 찾아온 걸 사장은 모르는 눈치였다.

"사장님이 진심으로 회사를 재건하겠다는 마음을 먹게 할 방법은 없을까요?"

이야기를 들어 보니 창업자의 집안은 대를 이어서 훈장을 받았을 정도의 명문가로, 70대인 현재의 사장도 태어날 때부터 '도련님'으로 자랐다고 한다. 그런 탓인지 이미 은행 융자가 한도를 초과해 더는 융자를 받기 힘든 상황임에도 회사를 혁신하고자 하는 기미가 전혀 보이지 않는다고 했다.

"본업인 문구 사업으로 회사가 다시 전성기를 맞이할 일은 아마 없을 겁니다. 이 경우 사업 규모를 대폭적으로 축소하는 것은 피할 수 없습니다. 문제는 누가 사장님 목에 방울을 달 것인가 하는 것인데, 제가 해도 괜찮다면 언제라도 응하도록 하겠습니다."

전무에게 이렇게 말한 지도 반년이 지났지만, 사장은 체면 때문인지 여전히 혁신을 단행할 마음이 없는 듯하다. 회사가 망하면 그것으로 끝인데 말이다. 어쩌면 이런 것이 전통의 무게인지도 모른다.

재도약하려면 먼저 버릴 수 있어야 한다

반면에 명문 기업이면서도 가혹한 현실로부터 도피하지 않고 대대적으로 혁신을 단행해 멋지게 부활한 곳도 있다. 아니, **부활에서 그치지 않고 더 크게 도약하는 데 성공했다.**

그 회사는 현재 일본에서도 손에 꼽힐 정도로 큰 서점 체인인 준쿠도 서점이다. 원래 준쿠도는 고베 등에 점포를 몇 개 가지고 있는 지방의 명문 서점이었는데, 1995년 1월, 고베를 강타한 지진으로 산노미야에 있는 본점이 파괴되면서 큰 피해를 입었다. 거리는 바로 재건에 들어갔지만 서점은 언제 운영을 재개

할지 기약할 수 없는 상황이었다. 이런 긴박하고 혼란스러운 상황에서 사장은 한 가지 결단을 내렸다.

"본점이 운영을 재개할 때까지 지진 피해가 없는 곳에서 어떻게든 사업을 계속해 봅시다."

그리고 준쿠도 서점은 언제 본점을 다시 개장할지 알 수 없다는 불안감 속에서 새 점포들을 개설해 나갔다. 모든 직원이 하나가 되어 필사적으로 노력한 결과 이 서점은 각지에서 인기를 얻었고, 결국 오늘날과 같은 번영을 이룩할 수 있었다. 어쩌면 지진이 일어나지 않았다면 고베에서의 성공에 안주했을 게 틀림없으며, 그랬다면 이후 전국으로 시장을 확대할 일도, 지금의 성공도 없었을 것이다.

엄청난 제품을 가졌지만
융자가
안 되는 이유는?

특징 5. 어떻게든 시장에서 살아남는다

이익을 내는 사장의 마음가짐
망설여질 때일수록 먼 곳을 바라보자.
먼 곳을 바라보면 경치가 더욱 선명하게 보인다.

역전을 노릴수록 더 신중하라

최근 들어 사업을 만만하게 생각하는 것으로밖에 보이지 않는
사람이 상담을 받기 위해 나를 찾아오는 일이 많아졌다. 시장조
사도 제대로 하지 않고 강호들이 즐비한 시장으로 뛰어드는 사

람이 많아진 것이다.

"엄청난 제품을 개발했는데 은행이 돈을 빌려주지 않습니다. 기술에 대해서 하나도 모르는 은행 사람들을 설득하려니 정말 힘드네요. 융자 받을 수 있는 좋은 방법이 없을까요?"

최근 수년 사이에 이런 얘기를 자주 듣고 있다. 나는 "그렇군요. 힘드시겠네요"라고 맞장구를 쳐 주면서도 마음속으로는 '사장님이야말로 경영을 너무 모르시네요……'라고 중얼거린다. 이렇게 말하는 사람 대부분은 최근까지 대기업에 다니다가 퇴직한 엔지니어 출신들이다. 개중에는 어지간히 자신이 있었는지 자진해서 퇴직하고 나와 창업을 한 사람도 있다. 그러나 퇴직금으로 어떻게든 사업을 벌일 수 있을 거라고 생각했다면 정말 무모하다고밖에 할 말이 없다.

나는 상담을 받기 위해 찾아온 사람의 이야기를 끝까지 들어준 다음 이렇게 말했다.

"그렇게 좋은 기술이라면 어딘가에 파는 편이 나을 겁니다. 은행이 상대해 주지 않는 것은 당연한 일입니다. 예전에 회사에 다니면서 그랬던 것처럼 더는 대기업의 간판을 등에 업고 사업을 할 수는 없다는 사실을 깨달으셔야 합니다."

2대, 3대 후계자 중에도 안일한 마음으로 도박에 나섰다가 크게 데는 사람이 있다.

"사장님의 회사가 빌릴 수 있는 돈은 3억 엔(약 33억 원)이 한계인데, 3억 엔을 그 사업에 전부 쏟아붓고 나서 그 다음에는 어떻게 하시려고 그러는 겁니까!?"

한 젊은 경영자는 융자 한도액까지 지금을 다 써 버리고 나면 이후가 막막해진다는 것까지는 생각이 미치지 못했던 모양이었다. 내가 충고하지 않았다면 편하게 돈을 벌 수 있다는 솔깃한 이야기에 혹해서 자금을 한꺼번에 쏟아부었을 것이다.

경영이 어려워지면 아무리 베테랑 사장일지라도 유혹에 빠질 수 있다. 이익을 회수할 전망이 보이지 않는 투자 제안에 혹하고 마는 것이다. 더 심한 경우는 개인 자산까지 쏟아부어가며 '끝내기 만루 홈런'으로 역전을 노리는 사람이다. 그러나 경영은 야구와 다르다. 이런 도박은 절대적으로 피해야 한다.

물론 도박에 나서서는 안 된다는 말은 아니다. 한 방에 회사가 망할 수 있는 무모한 도박, 승산이 없는 도박은 하지 말라는 말이다.

망설여질 때일수록 먼 곳을 바라보자

무모한 도박이 아니라 나름 승산이 있는 도전이라면 오히려 적극적으로 시도해야 한다. 나라면 **확률이 50퍼센트만 돼도 당연히 도전한다.** 설령 10퍼센트라 해도 도전할 때가 있다. 만약 본업이 자리를 잡은 상태라면 실패를 두려워하지 말고 신규 투자나 신규 사업에 도전해 보기를 권한다.

최근에는 M&A(기업인수합병)를 추진하는 중소기업도 늘고 있다. 재무적으로 여유가 있으면 가능한 일이다. 신문, 방송에서도 세계적인 대기업끼리의 M&A에 관한 기사가 자주 보도되곤 한다. 속도가 곧 경쟁력인 요즘, M&A는 손쉽게 시간을 살 수 있는 수단으로 전 세계에서 활발하게 진행되고 있다.

그러나 그중에는 큰돈을 들였음에도 실패하는 사례도 있다. 물론 확실히 성과를 낸 기업도 있다. 일본담배산업이나 일본전산, 다이어트 컨설팅 회사 RIZAP 등이 대표적인 예다.

M&A는 뚜껑을 열어 봐야 알 수 있는 측면도 많기 때문에 종종 도박에 비유되곤 한다. 그만큼 신중해야 하고, 준비를 철저히 해야 한다.

큰 도박과 다를 바 없는 M&A 하면 소프트뱅크의 손정의 회장이 떠오른다. 그는 수년 전, 수조 엔 규모의 인수를 불과 2주 만에 성사시켜 세계를 깜짝 놀라게 한 바 있다. 그러나 사실 손정의 회장은 10년 전부터 그 회사를 줄곧 주시해 왔다고 한다. 주도면밀하게 준비한 뒤 단번에 M&A를 성사시킨 것이다.

나는 손정의 회장을 100년이 지난 뒤에야 평가가 가능할 만큼 스케일이 큰 사람이라고 생각하는데, 그런 손정의 회장은 큰 결단을 할 때의 마음가짐에 관해 다음과 같은 말을 했다.

　"망설여질 때일수록 먼 곳을 바라보자. 알 수 없을 때일수록 더 먼 곳을 바라보자. 먼 곳을 바라보면 경치가 더욱 선명하게 보인다."

돈이
벌리기 시작할 때
경계해야 할 것

특징 5. 어떻게든 시장에서 살아남는다

이익을 내는 사장의 마음가짐

**솔깃한 이야기에는 반드시 함정이 숨겨져 있다는 것을 명심하고
평소에 정신을 바짝 차린다.**

솔깃한 이야기는 곧 위험한 이야기

경영자라면 누구나 '쉽게 돈을 벌 방법은 없을까?'라는 생각을
하기 마련이다. 특히 중소기업의 사장은 매일같이 고생스럽게
일하는 만큼 그런 생각을 하는 것도 당연할 수 있다. 그러나 편

하게 돈을 벌 수 있을 정도로 비즈니스가 만만하지 않은 것 또한 사실이다.

그리고 이런 심리를 파고드는 것이 교활한 사기꾼들이다. 솔깃한 이야기에는 반드시 함정이 숨겨져 있다. 한때 일본 사회는 연립주택 대출 문제로 시끄러웠던 적이 있는데, 이 문제 역시 마찬가지였다. 나도 부동산 사업을 해 봤기에 잘 아는데, 지방에 그렇게 아파트를 많이 짓는다 한들 입주할 사람이 있을 리가 없다. 애초에 비즈니스가 성립될 수가 없었던 것이다.

일본은행의 제로 금리 정책으로 돈이 남아돌자 건설업자들은 전국 각지에 아파트와 연립주택을 지었다. 특히 당시에 연립주택은 규제도 느슨하고 수익도 괜찮았기에 논밭 한가운데까지 집을 지었다. 그러나 연립주택은 날림 공사가 많은 까닭에 열화劣化도 빠르게 진행된다. 투자금을 회수하기 전에 임대료가 내려가므로 도시가 아닌 지역에서 장기간에 걸쳐 이익을 만들어 내기는 어려운 것이다. 결국 대출을 받아서 연립주택에 투자한 사람들만 지옥에 빠졌다. 출자자를 모집한 건설업자도 악질이지만, 이렇게 될 것을 뻔히 알면서도 융자를 계속해 준 은행의 책임이 크다고 밖에는 할 말이 없다.

그리고 이런 사기에 가까운 돈벌이 제안에 젊은 후계 사장들이 쉽게 걸려들고 있다. 체면 때문에 숨기고 있는 사장이 많아서 잘 드러나지 않을 뿐이다.

어쨌든 이런 일에 당하지 않기 위해서는 당장의 이익에 혹하지 않도록 해야 한다. 지금까지 돈 때문에 고생한 적이 별로 없는 사람은 특히 주의할 필요가 있다.

사기꾼의 레이더망에 걸려들지 않으려면

사실은 사업이 잘되고 있을 때가 가장 위험하다. 중소기업도 돈이 잘 벌릴 때는 정말 잘 벌리므로 경계심이 느슨해지기 쉽다. 자신도 모르게 배포가 두둑해져서 '3,000만 엔(한화로 약 3억 3,000만 원) 정도는 뭐……' 식으로 생각하게 되며 그 결과 갑자기 씀씀이가 커지는데, 사기꾼들이 이것을 놓칠 리가 없다. 그러므로 계속해서 돈벌이에 관한 이야기가 들려온다면 주의해야 한다.

한 사장은 은행이 억지로 돈을 빌려주는 바람에 그 돈을 어떻게 써야 할지 고민하고 있었는데, 그때 마침 사기를 당하고 말았다. 은행은 경영 상태가 좋은 회사에 돈을 빌려주고 싶어 한다. 특히 융자 담당자에게는 할당된 목표량이 있기 때문에 상황에 따라서는 돈을 빌릴 필요가 없는 상대에게도 융자를 받게 한다. 이 사장도 '은행에 매번 신세를 지고 있으니……'라는 생각에 돈을 빌렸다고 하는데, 거기까지는 좋았다. 문제는 그 뒤에 함정이 숨겨져 있었다는 것이다. '특별히 쓸 곳도 없는데, 하다못해 대출이자만큼만이라도 수익을 낼 수 있는 투자처가 없을까?'라고 생각하던 차에 사기꾼의 레이더망에 걸려들었던 것이다.

사기꾼이 그가 융자를 받았다는 정보를 어디에서 얻었는지는 알 수 없다. 그러나 나는 이와 비슷한 이야기를 꽤 많이 듣는다. 설마 은행에서 흘리지는 않았겠지만, 사기꾼의 네트워크를 우습게 생각해서는 안 된다. 그러니 돈이 벌릴 때나 현금이 여유가 있을 때는 부디 주의하기 바란다.

반대로 **자금 조달이 힘들어 지푸라기라도 잡고 싶은 심정일 때도 위험하다.** "큰일 났네, 큰일 났어……"라는 말을 입에 달고 살면 조만간 수상한 대출 회사로부터 연락이 오게 된다.

결국 돈이 있어도 없어도 사기꾼에게 속을 수 있다. 사기꾼의 먹잇감이 되지 않기 위해서는 평소부터 행동에 주의해야 한다. 무엇보다 의심스러운 사람들은 가까이하지 말아야 한다.

　　　　　이익을 내는 사장들의 12가지 특징

사장의
빠른 결단이
회사를 살린다

특징 5. 어떻게든 시장에서 살아남는다

이익을 내는 사장의 마음가짐

일단 사업을 시작했다면 빠르고 신속하게 밀고 나간다.
다만 사전에 철수에 대한 나름의 기준을 정해 피해를 최소화한다.

변화에 유연하게 대응하는 힘을 최대한 살린다

요즘은 '인스타그램에 자랑하기 좋은 곳'에 관광객이 모여들고
'인스타그램에 자랑하기 좋은 요리'를 제공하는 레스토랑이 인
기를 끄는 시대다. 단순히 유행으로 끝날지도 모르지만, 10년 전

에는 상상도 할 수 없었던 일이다. 앞으로도 새로운 기술이나 애플리케이션 등은 계속 등장할 것이고, 그로 인해 우리의 생활도 크게 바뀔 것이다.

이렇게 사회가 변화하면 당연히 그에 맞춰 우리의 비즈니스 방식도 크게 달라질 것이다. 그러나 걱정할 필요는 없다. 중소기업에는 변화에 대응하는 힘이 있다. 지금까지도 수많은 중소기업이 시장의 변화에 유연하게 대응함으로써 씩씩하게 살아남아 왔다. **변화에 대응하는 힘이야말로 중소기업의 생명이자 가장 큰 강점인 것이다.**

그러나 실제로는 정반대인 회사도 많다. 그중에는 당장 단행해야 할 구조 개혁에 착수하지 못해 늘리지 않아도 될 적자를 계속 늘리고 있는 음식점 체인도 있었다. 서른 개 점포 중 여섯 개 점포가 적자 상태였고, 업태도 시대에 완전히 뒤떨어져 있었다.

그 회사의 사장도 구조 개혁이 절실하다는 것을 이해하고는 있었지만, 적자인 점포를 일제히 폐쇄하면 매출이 급격하게 하락할 테고, 은행이 이것을 이유로 융자를 거부하면 어떻게 하나 하는 걱정에 결단을 내리지 못하고 있었다.

그러나 시간을 끈다고 달라질 것은 없었다. 오히려 상황만 악화될 뿐이었다. 빨리 적자 상태의 점포를 정리하고, 동시에 기세 좋게 새로운 점포를 한꺼번에 개업해 매출 유지와 영업이익

향상을 도모할 때였다. 폐쇄하는 점포의 직원들은 새로 개점하는 점포로 보내면 된다.

다행히도 이 사장은 결국 용기 있게 결단을 내렸고, 그 결과 실적이 크게 개선되었다. 은행 융자 한도도 확대되어 현재는 주식 상장을 목표로 하고 있다.

사실 은행도 상환 능력이 있는 거래처라면 기꺼이 추가 융자에 응해 준다. 그리고 이렇게 되도록 지혜를 짜내는 것이 사장의 역량이다.

3개월 실적이 신통치 않다면 철수를 고려한다

시상의 변화가 극심할 때는 그에 맞는 방식으로 비즈니스를 하는 것이 중요하다. 어쨌든 적극적으로 시도하자. 행동이 중요한 것이다. 그리고 **행동하면서 생각해야 한다. 곰곰이 생각한 뒤에 착수해서는 처음부터 패배자가 된다.**

신규 사업을 시작할 때도 마찬가지다. 즉시 결정하고 곧바로 시도한다. 그리고 문제가 있으면 빠르게 재검토한다. 곧바로 수정하면 심각한 사태에는 이르지 않을 수 있다. 애초에 신규 사업은 해 봐야 알 수 있다. '새로 시작하는 사업 천 개 중 세 개만 성공한다'는 말이 있을 정도로 성공률이 낮다. 그렇기 때문에 더더욱 일단 해 보면서 끊임없이 수정해 나가는 것이 성공의 비결이다. 하물며 지금의 시장은 수직적으로 탄생해서 수직적으로 소멸한다. 그만큼 변화가 빠르다. 그런 시장에서 우물쭈물해서는 절대 비즈니스 기회를 잡을 수 없다.

주의해야 할 점은 또 있다. 신규 사업이든 기존 사업이든 새로 자금을 투입할 경우에는 이를테면 '3개월이 지났는데도 신통치 않으면 철수한다' 식의 방침을 미리 명확하게 정해 놓아야 한다. 가령 음식점이라면 신규 점포의 적자가 3개월 동안 계속될 경우 이후에 흑자로 돌아설 가능성은 거의 없다고 볼 수 있다. 미련을 버리지 못하고 계속 투자하는 것은 무의미하다. 그러다 어느 날 거액의 적자가 회수 불능의 상태로 쌓여 버렸음을 깨닫게 되는 경우도 종종 있으며, 이렇게 되면 그때까지 투자했던 돈을 전부 날릴 뿐 아니라 최악의 경우에는 도산의 위험까지 있다. 그러므로 상처가 깊지 않을 때 빨리 철수하거나 근본적으로 재검토를 해야 한다. 사실 신규 사업을 시작한 뒤에는 철수를 결정하기가 매우 힘들다. 그렇기 때문에 사전에 방침을 정해 놓는 것이 중요하다.

중소기업의 강점인 변화에 유연하게 대응하는 힘은 이럴 때 더더욱 빛을 발할 것이다.

이익을 내는 사장들의 12가지 특징

실패는
딱 한 번으로
족하다

특징 5. 어떻게든 시장에서 살아남는다

이익을 내는 사장의 마음가짐
**실패는 더 큰 도전을 위한 양분으로 삼을 수 있지만
사장에게 같은 실패는 한 번 이상 허용되지 않는다.**

실패를 거듭해도 되는 것은 젊을 때뿐

사장이 실패만 해서는 회사가 살아남을 수 없다. 그러나 실패가
무조건 나쁜 것만은 아니다. 실패나 잘못을 저지름으로써 일의
요령이나 인간관계의 미묘함을 배울 때도 많으므로 오히려 실

패를 적극적으로 장려하는 경우도 있다. 나도 상담을 받기 위해 찾아온 사람이 아들에게 사업을 승계시킬 예정이라고 하면, 아들이 젊었을 때 실패를 많이 경험하도록 격려하라고 말하곤 한다. 다만 같은 실패는 한 번으로 충분하다. 아니, 좀 더 정확히 말하면 **사장에게 같은 실패는 한 번밖에 허용되지 않는다.** 같은 실패를 두 번 세 번 반복해서는 안 되는 것이다.

한번은 실적이 부진한 건설 회사의 사장이 상담을 받기 위해 나를 찾아왔다. 그 사장과 면담을 한 나는 그 회사의 영업 부문에 문제가 있는 것 같다고 판단했다. 그래서 영업 부문 직원 전원에게 일일 업무 보고서를 쓰게 하라고 요청했고, 그 보고서를 다음 상담 때 가져오라고 했다. 그런데 다음 달에 찾아온 사장은 내가 일일 업무 보고서를 가져왔냐고 묻자 "죄송합니다. 깜빡했네요. 다음에는 꼭 가져오겠습니다"라고 말했다. 그런데 그 다음 달에도 핑계만 댈 뿐이었다.

뭔가 이상하다고 생각하는 사이에 2개월이 지나갔고, 결국 나는 그 회사를 직접 찾아가 보기로 했다. 회사에 직접 가서 보니 아니나 다를까, 일일 업무 보고서는 처음부터 작성되고 있지 않았다. 더구나 사무실도 정리·정돈이 전혀 안 되고 있는 상태였다. 사장이 흐리터분하니 직원들도 깔끔하지 못한 것이었으리라.

그 사장은 약속을 잊어버리고 지키지 않는 잘못을 몇 번씩 거듭해서 저질렀으면서도 반성하는 기색조차 보이지 않았다. 이렇게 같은 실패나 잘못을 거듭하는 것은 긴장감이 부족하기 때문이다.

사장이 이런 식이라면 회사도 나아질 리 없다고 생각한 나는 그 사장과 계약을 해지했다. 그리고 머지않아 이 회사가 도산했다는 소식을 들었다.

다양한 도전, 실패를 통해 치명적 실패를 극복하라

지금까지 하던 대로만 하면 어떻게든 되던 시대는 이미 오래전에 끝나 버렸다. 과거의 일류 기업이나 전통 있는 노포 기업이 심각한 경영 부진에 시달리는 것은 그 때문이다.

역경을 극복하려면 실패를 두려워하지 말고 새로운 것에 도전해야 한다. 물론 무작정 도전하라는 말은 아니다. 그래서 나는 상담을 받으러 온 사람들에게 이렇게 말한다.

"실패는 신경 쓰지 말고 끊임없이 도전해 보시기 바랍니다. 실패했을 경우에는 곧바로 수정하면 됩니다. 다만 같은 실패는 반복하지 않도록 하십시오."

유니클로의 야나이 다다시 회장도 "치명적인 실패를 하기 전에 작은 실패를 여러 번 하고, 그것을 재산으로 삼아서 이후에 활용해야 합니다"라고 말한 바 있다.

실패를 많이 할 것을 권하는 이유는 성공하기 위한 단계로서 시행착오가 필요하기 때문이다. 다만 중소기업은 시간도 인재도 그다지 여유가 없다. 같은 잘못을 계속 반복해서는 안 된다. 치명적인 실패를 하기 전에 속도감을 갖고 많은 도전과 실패를 해야 하는 것이다. 다양한 도전과 실패를 거듭하다 보면 틀림없이 성공으로 향하는 확실한 길이 보이게 될 것이다.

에디슨은 이런 재미있는 말을 남겼다.

"나는 실패한 적이 없다. 그저 효과적이지 않은 방법을 1만 가지 발견했을 뿐이다."

무수한 실험을 거듭한 끝에 마침내 전구를 발명했을 때 에디슨이 한 말이다. 허세를 부리는 것처럼 들릴 수도 있지만, 중소기업의 사장들도 이 정도의 기개를 갖고 과감하게 도전했으면 한다.

참고로 여기에서 말하는 실패는 어려움에 도전할 때 일어날 수밖에 없는 실패를 의미한다. 앞에서 이야기한 기본적인 실수와는 다르니 주의하기 바란다.

이익을 내는 사장들의 12가지 특징

특징 6

이익을 내는 사장이 기회를 만드는 법

12 Secrets To Running A
PROFITABLE
COMPANY

다른 업종과
적극적으로
교류하라

특징 6. **이익을 내는 사장이 기회를 만드는 법**

이익을 내는 사장의 마음가짐

유능한 사장은 정보를 입수하는 경로가 다양하다. 그뿐 아니라 모르는 것이 있으면 젊은 직원들에게도 스스럼없이 질문한다.

정보 입수 경로를 다각화하라

좋은 사업이 될 만한 것이 없는지 찾기 위해 항상 귀를 쫑긋 세우고 다니는 경영자는 크게 성장한다.

내가 아직 초등학생이었던 시절, 음식점 경영으로 큰 성공을 거둔 아버지는 종종 식구들을 데려고 근처에 새로 생긴 음식점에 가시곤 했다. 아버지는 자리에 앉자마자 테이블이라든가 의자 등 식당 안의 모습을 유심히 살핀 다음 메뉴판을 들고 닥치는 대로 음식을 주문하셨다. 그리고 요리가 나오면 우리 가족은 각각의 요리를 조금씩 맛보고 각자의 느낌을 말해야 했다. 마치 요리 품평회 같았다. 그 정도로 아버지는 사업 아이디어를 얻기 위해 매일같이 노력하셨다. 그러는 사이에 나는 즐거워야 할 가족 외식이 점점 싫어졌지만, 덕분에 상당히 날카로운 관찰력을 얻은 것도 사실이다.

다른 사람의 이야기를 들을 때도 다양한 문제의식을 갖고 있으면 어떤 시점에 번뜩 하고 아이디어가 떠오를 때가 있다. 기술 개발을 하다 일이 잘 안 풀려서 기분 전환을 하기 위해 산책을 하러 나간 어떤 엔지니어는 옆을 지나가던 사람들이 주고받는 대화를 듣고 좋은 아이디어가 번뜩 떠올랐다고 하는데, 마치 이런 식이다. **무의식중에 귀를 쫑긋 세우고 있기 때문에 사소한 정보에도 아이디어가 번뜩 떠오르는 것이다.** 그러므로 아내와의 평범한 대화나 술집에서 나누는 잡담 등도 절대 무시해서는 안 된다. 귀중한 정보가 숨어 있을지도 모른다는 사실을 반드시 염두에 두기 바란다. 요지는 항상 문제의식을 가지라는 것이다.

그리고 또 한 가지 중요한 것은 다른 사람에게 물어보기를 망설이지 않는 것이다. 사장이 되면 자신의 위치를 지나치게 의식한 나머지 회사 밖의 사람들은 물론이고 직원들에게조차 물어보는 것을 기피하는 경우가 있다. 그러나 유능한 사장은 젊은 직원에게도 스스럼없이 말을 걸고, 궁금한 것이 있으면 무엇이든 물어본다. 직원들로서는 모르면서 아는 척하는 사장보다 모르는 것은 모른다고 솔직하게 말하는 사장에게 더 친근감을 느낄 것이다. 특히 젊은 직원은 신뢰 관계만 형성되면 새롭고 신선한 정보를 얼마든지 가르쳐 준다.

즉, 유능한 사장은 다른 사람에게 물어보는 것을 전혀 망설이지 않는다. 그뿐만 아니라 항상 다양한 경로에서 다채로운 정보가 들어오도록 의식적으로 마음을 열어 놓는다.

다른 업계의 낯설고 이질적인 발상을 도입하라

내 경험에 따르면 경영에 도움이 되는 정보를 가장 많이 입수할 수 있는 곳은 지역의 젊은 경영자 모임이었다. 그곳에서는 매일 다른 업종의 다양한 정보가 오갔다. 동업자에게는 말할 수 없는 것도 이해관계가 적은 다른 업종의 사람들에게는 자유롭게 말할 수 있었다. 그래서 특히 저녁 모임의 경우는 정말 분위기가 화기애애했다.

다른 업종의 사람들이 모일 때의 이점은 또 있다. 다른 업계의 사람과 이야기를 나눠 보면 그때까지 자신이 얼마나 좁은 세계에서, 그곳만의 관습이나 상식에 얽매어 살아왔는지 알게 된다. 그리고 그런 관습이나 상식이 자유로운 발상과 행동을 얼마나 제약하는지도 깨닫게 된다. IT 계열 등 다른 업계 창업자의 참신한 비즈니스 모델에 제대로 대항하지 못하는 것은 바로 이 때문이다. '이 업계에서는 초보자들'이라며 얕보다가 순식간에 시장과 고객을 빼앗기고 마는 것이다.

점점 설 자리를 잃어가는 기존 업계 쪽에서도 다른 업종의 발상을 더 많이 도입해야 한다. 그리고 이를 위해서는 다른 업계의 인맥을 더 넓혀야 한다. 인맥이 생기면 업계의 장벽을 뛰어넘어 새로운 시장을 창조할 가능성도 높아질 것이다.

정보도
기회도
사람에게서 나온다

특징 6. **이익을 내는 사장이 기회를 만드는 법**

이익을 내는 사장의 마음가짐

**무엇이든 빠르게 반응하는 사장은 어디를 가든 좋은 인상을 준다.
특히 예의와 예절을 지켜야 하는 순간에는 더 그렇다.**

상품보다 먼저 은혜를 판다

다른 사람에게 받은 은혜를 잊지 않고 산다면 언젠가는 반드시 누군가가 도움의 손길을 내밀어 주게 돼 있다. 140억 엔이라는 엄청난 부채를 끌어안아야 했던 나는 자포자기하는 심정이 될 뻔한 적도 수없이 많았다. 정신적으로 궁지에 몰려 피오줌을 누고 점액 주사에 의지하는 나날이 오랫동안 계속되었다. 휴대전화기를 끄고 병원 침대에 누워서 점액 주사를 맞는 시간이 당시의 내게는 유일하게 행복한 시간이었다.

그러나 이런 절망적인 상황에서도 "나도 자네와 함께 루비콘강을 건넜네. 그러니 꼭 다시 일어서 주게!"라며 나를 격려해 준 사람이 있었다. 내게는 문자 그대로 '생명의 은인'이다. 그는 아버지 대부터 거래해 오던 지역 신용금고 직원이었다. 당시 그 신용금고도 금융 재편의 파도에 휩쓸려 다른 신용금고에 흡수되었는데, 마지막 이사장이 우리 회사만큼은 무슨 일이 있어도 지키라고 그에게 특명을 내렸던 것이다. 그때까지 오랫동안 거래를 계속하면서 우리 회사를 신뢰하게 되었던 것이리라. 그 이야기를 들은 나는 눈물이 멈추지 않았다. 정말로 고마운 마음뿐이었다.

내가 열한 개나 되는 금융 기관을 상대로 교섭한 끝에 **결국 재건에 성공할 수 있었던 것은 금융 기관에 이렇게 알게 모르게 나를 도와준 사람들이 있었기 때문이었다.** 아버지 대부터 쌓아온 신용이 있었기에 지옥으로부터의 생환이 가능했던 것이다.

돌아가신 나의 어머니는 늘 "다른 사람에게 받은 은혜는 평생 잊지 않아야 한다"라고 가르치셨는데, 나는 경영을 할 때도 이 말을 신념 삼아 왔다. 즉, 항상 감사하는 마음을 갖고 살아온 것이다. 이런 마음은 반드시 상대에게 전해진다. 그래서 정말 어려울 때 누군가가 반드시 도움의 손길을 내밀어 준 것이 아닐까 생각한다.

예의, 예절은 신용의 근본

중소기업은 좋을 때와 나쁠 때의 기복이 심하다. 좋은 일만 계속되는 경우는 거의 없다. 나쁠 때는 서로 도울 필요도 있는데, 평소에 사장이 은혜를 모르는 사람으로 인식돼 왔다면 아무도 도와주지 않게 된다. 이런 상황에서는 사람과 사람의 관계가 큰 영향을 끼치기 때문이다.

평소에 예의, 예절을 소중히 여기자. 거래처나 은행에 고마움을 느끼지 않는 사장은 직원에게도 고마움을 느끼지 않는다. 평소에 직원들이 회사에 공헌하는 데 대해 고마워하는 마음이 없으면 직원들은 사장이 자신들을 쓰다가 버려도 상관없는 존재로 생각한다고 느끼며, 회사가 위험할 때 사장을 따르지 않는다. 그런 회사는 일시적으로는 실적이 좋을지라도 언젠가는 반드시 망하게 된다.

유능한 사장은 인사나 문병도 빨리 한다. 내가 아는 사장 중에는 무엇이든 제일 먼저 하는 사장이 있는데, 그는 그 이유에 대해 이렇게 말했다.

"제일 먼저 하면 기분이 좋아. 상대에게도 좋은 인상을 주지."

분명히 기왕 할 바에는 좋은 인상까지 남기면 더 좋다. 기본적으로는 진심이 담겨 있어야 하지만, 그 진심을 효과적으로 전하는 기술이나 간단한 표현법도 익혀 두도록 하자. 무엇이든 빠르게 반응하는 사장은 어디를 가든 좋은 인상을 준다. 사장이 밝은 표정으로 부지런하게 돌아다니면 회사에도 자연스럽게 활기가 넘친다.

그리고 예의 이전의 문제인데, 약속을 지키지 않는 사장은 절대 살아남지 못한다. 특히 지역 사회에서는 윗사람과의 약속을 지키지 않으면 즉시 소문이 퍼진다. 반대로 유능한 사장은 하찮은 약속까지도 반드시 지킨다. 그러면 거래처의 사장이 '이 사장은 내가 잊어버리고 있었던 옛날 약속까지 기억해 뒀다가 지키는 사람이구나'라고 생각해 고마운 마음에 좋은 사업거리를 가져다줄 수도 있다.

평소 사람들에게 고마워하는 마음이 있으면 덕망과 신용은 저절로 따라온다. 그리고 덕망과 신용이 생기면 회사는 강해지게 돼 있다.

거래처를
울리는
회사는 망한다

특징 6. **이익을 내는 사장이 기회를 만드는 법**

이익을 내는 사장의 마음가짐
매입처에 친절하게 대하라.
그리고 정당한 요구는 기탄없이 말하도록!

은행 융자금보다 거래처 대금을 우선 지불한다

최근 들어 도급업자에 대한 '갑질' 문제가 심각해지고 있다. 일본의 경우 공정거래위원회가 도급법 위반으로 지도하는 건수가 매년 증가하고 있다. 이에 중소기업청도 이대로 보고만 있을 수는 없다며 전국적으로 실태 조사에 나섰다.

내게 상담을 받기 위해 찾아온 사람들 중에도 중소기업청이 문제시하고 있는 대기업의 도급업자에 대한 갑질과 성격은 다르지만 도급업자에 대한 대응 문제로 고민하는 사람이 있었다. "매입처에 지급할 대금이 밀려 있는데, 어떻게 해야 할까요?"라는 고민이었다. 실적이 부진한 까닭에 지출을 줄일 수밖에 없는데, 은행 융자금 상환을 중단할 수는 없기에 어쩔 수 없이 거래처에 줘야 할 대금 지급을 미루고 있다는 것이었다.

회사의 자금 사정이 안 좋다면 분명 어딘가에서는 지출을 줄여야 할 것이다. 그러나 나는 우선순위가 바뀌었다고 말했다. **가능한 한 매입처에 우선 지급해야 하는 것이다.** 매입처에서 원자재가 들어오지 않으면 장사를 할 수가 없기 때문에 이런 방식으로는 언젠가 도산할 수밖에 없는 것이다.

한편 은행의 경우에는 그 회사가 도산하기를 원치 않는다. 실적이 회복될 전망이 보인다면 한동안은 기다려 줄 수도 있는 것이다. 이 사장은 은행에 밉보이고 싶지 않다는 생각에 자신보다 약한 처지인 매입처를 울리는 결정을 한 것인데, 이는 정말 잘못된 결정이다. 거래처는 회사가 사업을 할 때 가장 중요한 파트너다. 지속 가능한 경영의 기회를 얻고자 한다면 이렇게 함께하는 파트너부터 소중하게 여겨야 한다. 먼저 은행을 찾아가서 융자 상담을 받는 것이 선결 과제인 것이다.

믿을 만한 거래처를 얼마나 보유하고 있는가?

신뢰할 수 있는 파트너(거래처)를 얼마나 보유하고 있느냐는 중
소기업에 매우 중요한 문제다. 그러므로 평소부터 의식적으로
파트너 육성에 힘을 쏟아야 한다.

건축설비 회사를 운영하고 있는 지인 A는 자신을 찾아오는
영업 사원을 처음에는 가급적 냉담하게 대한다고 한다. 영업 사
원이 면담을 청해도 처음 몇 번은 직접 만나지 않는다. 그럼에도
끈질기게 면담을 요청하면 만나기는 하지만 '억' 소리가 날 만큼
희망 단가를 낮게 부른다. 그리고 그때의 영업 사원의 반응을 보
고 신뢰할 수 있는지 없는지를 판단한다고 한다. 그리고 일단 마
음에 들면 전적으로 신뢰하며 그 영업 사원이 취급하는 상품을
부르는 값에 군말 없이 발주하는 것이다. 그러면 영업 사원도 반
드시 그에 보답한다. 한 영업 사원은 성실하고 끈질긴 성격 덕분
인지 A의 회사와 거래를 시작 한 후 빠르게 성장해 현재는 영업
본부장이 되었다고 한다. 물론 두 회사의 유대도 더욱 굳건해졌
다. A의 사람 보는 눈이 정확했던 듯하다.

마지막으로 마쓰시타 고노스케가 한 말을 소개하겠다.

"매입처에 친절하게 대하게. 그리고 정당한 요구는 기탄없이 말하도록!"

이것이야말로 파트너를 대할 때의 바람직한 모습인 동시에 장기적으로 신뢰할 수 있는 관계를 만들기 위한 기본적인 사고 방식이 아닐까?

첫째도 이익,
둘째도 이익,
셋째도 이익

**12 Secrets To Running A
PROFITABLE
COMPANY**

개인 파산이
오히려
달콤해 보이는가?

특징 7. 첫째도 이익, 둘째도 이익, 셋째도 이익

이익을 내는 사장의 마음가짐
**큰 빚을 안고 살아가는 것보다 개인 파산이 달콤하게 느껴질 수 있다.
그러나 개인 파산은 사장뿐 아니라 가족의 발목을 잡을 수도 있다.**

성공하는 사장은 절대 포기하지 않는다

성공하는 경영자는 회사가 벼랑 끝에 몰렸을 때도 절대 포기하지 않는다. 0.1퍼센트라도 가능성이 남아 있는 한 재기를 위해 온 힘을 다 쏟는다. 반대로 성공하지 못하는 경영자는 어느 시점에 마음이 꺾여 포기해 버린다. 조금이라도 빨리 편해지고 싶다는 생각에서 개인 파산 서류에 도장을 찍고 마는 것이다. 절체절명의 위기에 직면했을 때 포기하느냐 최선을 다해 위기를 헤쳐 나가느냐에 따라 이후의 인생은 완전히 달라진다. 위기를 극복하고 멋지게 부활한 이후 크게 성공한 경영자도 많다.

그렇다면 성공하는 사람과 그렇지 못한 사람은 어떻게 다를까? 그동안 많은 사장들과 면담을 하면서 나는 크게 느낀 점이 있다. 회생할 방법이 얼마든지 있는데 안일하게 개인 파산을 신청하고 싶어 하는 사람이 많다는 사실이다. 부활할 방법은 얼마든지 있다. **중요한 것은 경영자에게 어떻게 해서든 사업을 존속시키겠다는 강한 의지가 있느냐다.**

상담을 받기 위해 나를 찾아온 사장들 중에는 놀랄 만큼 끈기가 강한 경영자들이 있다. 나름 끈질기다고 자부하는 나조차도 깜짝 놀랄 만큼 끈기가 강한 사람들이었다. 이미 오래전에 도산했다 해도 전혀 이상하지 않을 만큼 상황이 좋지 않은 회사를 살리기 위해 그 경영자는 내 조언을 아주 작은 것까지 충실하게 실행에 옮겼고, 그 결과 지금은 밝은 미래가 보이기 시작했다.

나도 140억 엔이나 되는 빚더미에 깔려 있을 때는 극단적인 생각을 수도 없이 했었다. 그러나 가족을 지키고 싶다는 일념에서 바늘구멍 같은 돌파구라도 찾기 위해 필사적으로 궁리했고,

결국 부채 지옥에서 기적적으로 생환할 수 있었다. 덕분에 가벼운 뇌경색이 머리에 열다섯 군데나 생기기도 했다. 이런 괴로운 상황에서도 내가 도산이나 개인 파산을 피할 수 있었던 것은 절대 포기하지 않았기 때문이다.

개인 파산을 하면 빨리 편해질까?

중소기업이 은행에서 돈을 빌리면 회사의 대표자는 연대보증인이 된다.[3] 그리고 만에 하나 회사가 도산하게 되면 대표자 개인의 자산으로 변제해야 한다. 원래 주식회사의 경우 법적으로는 연대 책임을 질 필요가 없지만, 일반적으로 사장이 개인 보증을 서지 않으면 은행이 대출을 해 주지 않기 때문에 예전부터 관행적으로 이렇게 해 왔다. 그러나 이로 인해 중소기업에서 무수히 많은 불행한 사건이 일어났던 것 또한 사실이다.

실제로 회사가 도산하게 되면 차입 잔액이 개인 자산을 크게 웃돌 때가 많다. 따라서 개인 보증을 서면 거의 자동으로 개인

---

[3] 한국의 경우, 2019부터 연대보증이 전면 폐지되었다.

또한 파산하게 된다. 최근에는 채무자의 인권 보호를 위해 법이 정비됨에 따라 개인 파산이 그렇게까지 비참한 일은 아니게 되었다. 그래서 그런지 변호사나 컨설턴트 등 전문가들도 일찌감치 개인 파산을 권하는 경우가 늘고 있다. 분명히 감당하기 어려운 큰 빚이 하루아침에 사라져 버리면 마음은 편할 것이다. 게다가 개인 파산 후에 번 돈은 그 돈으로 빚을 갚을 의무가 없기 때문에 100퍼센트 자신의 것이 된다.

그러나 간과해서는 안 될 중대한 사실이 있다. 개인 파산을 하면 관보에 이름이 실리고, 은행과 개인 신용정보기관의 블랙리스트에 오른다. 일본의 경우 10년 동안은 융자를 받을 수 없기 때문에 새로 사업을 시작하기가 매우 어렵다. 게다가 집도 매각당하고, 그로 인해 가족이 겪게 되는 고통은 이루 말할 수 없다. 어린 자녀가 있는 경우, 아이가 계속 같은 학교에 다니기 힘들어질 수도 있다.

나는 사람들이 개인 파산을 할 좋은 방법은 없냐고 물어볼지라도 부활의 가능성이 조금이라도 있다면 개인 파산은 권하지 않는다. 만약 이 문제로 고민하고 있는 사장이라면 꼭 내게 상담을 받으러 오길 바란다. 함께 회사를 재건할 방법을 찾아보자.

고난을
최대한 많이
경험하라

특징 7. 첫째도 이익, 둘째도 이익, 셋째도 이익

이익을 내는 사장의 마음가짐

사장의 삶은 고난의 연속이다.
고난에 강해지고 좌절을 극복할 수 있는 기개가 필수적이다.

고난 속에서 키우는 맷집과 끈기라는 자산

현재 소형 모터 분야에서 세계 정상급의 기업이 된 일본전산의
나가모리 시게노부 사장도 창업 당시에는 자금 조달 문제로 심
한 마음고생을 했다고 한다. 남들에게 지기 싫어하는 성격이었

던 가난한 청년 나가모리는 창업을 하기로 결심한 후 회사에 다니면서 자금을 모아 1973년에 회사를 세웠다. 그러나 경영에는 초보였던 탓에 수없이 많은 위기를 겪었고, 그럴 때마다 '도저히 안 되면 여기서 뛰어내리자'라는 각오로 죽을 장소까지 정해 놓고 어떻게든 위기를 극복해 보려고 노력했다. 그런데 어느 날, 다리 위에서 흘러가는 강물을 내려다보다가 문득 죽음의 공포를 느꼈다.

'죽기 싫어!'

'그래, 죽기 싫다는 건 아직 할 수 있다는 뜻이야!'

죽음의 공포가 엄습한 순간 청년 나가모리는 이렇게 느꼈다고 한다. 정말 놀라울 정도로 강인한 정신력이다. 천성적으로 지기를 싫어하는 데다 도산의 위기를 연속해서 겪으면서 맷집이 더욱 강해진 것이리라. 고난에 직면해서도 절대 꺾이지 않는 그의 인내력, 재난을 순식간에 재기를 위한 에너지로 바꿔 버리는 유들유들함과 유연함에는 감탄밖에 나오지 않는다.

그 뒤는 세상에 알려진 대로다. 교토에서 작은 공장으로 출발한 일본전산은 현재 전체 직원 10만 명, 연결 매출액 1조 엔(약 11조 원) 이상 되는 글로벌 기업으로 크게 성장했다.

그렇다면 고난에 강해지기 위해서는 어떻게 해야 할까? 답은 단순하다. 최대한 고난을 많이 경험하는 것이다. 내 경우만 해도

신경이 마비되어 버릴 정도로 많은 고난을 경험해 왔다. 140억 엔을 모두 갚았을 때는 그야말로 만신창이가 돼 있었다. 그런데 그 수많은 고난을 극복해 냈기에 지금의 내가 있는 것이리라. 그렇기에 젊은 경영자들이 쉽게 회사를 포기하지 않기를 바라는 것이다.

좌절을 극복할 수 있는 기개가 있는가?

나가모리 사장처럼 초인적인 강인한 정신력으로 회사를 힘차게 이끌고 나가는 경영자가 있는 반면, 조금만 힘을 내면 극복할 수 있는 상황에서 포기해 버리는 사장도 꽤 많다. 아직 회생 가능성이 있는 것 같은데 포기해 버리는 것이다.

수년 전, 이런 안타까운 사례가 있었다. 한 경영자 부자가 함께 내 사무실을 찾아왔다. 아버지는 사업을 이어받은 아들이 앞으로도 회사를 계속 운영해 주기를 바랐지만, 아들은 빚더미에 깔린 회사를 최대한 좋은 조건에 정리하고 싶어 했다.

최근 들어 이런 사례가 늘고 있는 추세다.

아버지는 지금까지 어찌어찌 회사를 운영해 왔지만 결국 한계에 다다랐다는 생각에서 상담을 받으러 왔다고 했다. 그런데 아들은 '도대체 아버지가 지금까지 회사를 어떻게 경영했기에 빚이 이렇게 많은 거야?'라고 생각하는 눈치였다. 당시 그 아들은 반년 전에 다니던 회사를 그만두고 막 사장으로 취임한 상황이었는데, 아직 20대이고 어린 자녀도 있었기에 나로서는 도저히 개인 파산을 권할 수가 없었다. 그러나 당사자는 회사를 계속 경영할 생각이 전혀 없었다. 나는 "회사를 살릴 방법은 아직 얼마든지 있습니다"라고 열심히 설득했지만, 결국 얼마 후 부자가 함께 개인 파산을 신청했다. 가족에게도 참으로 안타까운 결말이었다.

역경에 맞서려면 그에 걸맞은 기개가 있어야 한다. 그리고 그런 기개를 키우려면 자신이 책임지고 하겠다는 사명감과 그것을 하고 싶어 하는 강한 신념이 필요하다.

지옥에서도
살아나올 수 있는
기술

특징 7. **첫째도 이익, 둘째도 이익, 셋째도 이익**

이익을 내는 사장의 마음가짐
젊었을 때 지옥을 경험하면 여러 가지 능력을 익힐 수 있다.
고난을 성장과 발전의 기회로 삼겠다는 자세가 중요하다.

고난에 좌절하지 않는 유들유들함을 키운다

고베에서 사업에 크게 성공한 아버지는 둘째 아들인 나를 특히
엄하게 키우셨다. 내가 대학에 입학하자 아버지는 내게 가장 어
려운 일을 맡기셨다. 고베 시 번화가에 있는 건물에 입주해 있는

식당들을 돌아다니며 입주자들에게서 임대료를 받아 오는 일이었다.

그 일은 생각처럼 쉬운 일이 아니었다. 당시에도 고베는 폭력조직이 많은 것으로 유명한 고장이었으며, 그들과 관련된 사업도 활발하게 벌어지는 곳이었기 때문이다.

나는 평소에는 고속전철을 이용해 이케부쿠로에 있는 학교까지 수업을 들으러 다녔지만 수업이 없는 날에는 임대료를 받으러 다녔는데, 얼마 지나지 않아 호락호락 임대료를 내려고 하지 않는 입주자들과 옥신각신하게 되었다. 당연히 험상궂게 생긴 '형님'들을 상대해야 할 때도 있어서 임대료를 받아 오는 게 쉽지 않은 일이었지만 아버지에게는 어떤 변명도 통하지 않았기에 어떻게 해서든 임대료를 받아 가야 했다. 나는 '왜 학생인 나한테 이런 일을 시키는 거지?'라며 내가 처한 특수한 상황을 원망했다. 그러나 소심하고 세상 물정 모르던 중소기업의 철부지 후계자는 이렇게 고통 속에서 수없이 지옥을 경험하는 사이에 어느덧 임대료 회수의 달인이 되어 갔다.

대학을 졸업한 후 나는 돈과 관련된 전반적인 업무를 맡았고, 자금 조달도 담당하게 되었다. 이때부터 이미 나는 금융 기관과 접촉하기 시작했는데, 은행과 교섭하는 것도 임대료를 회수하는 것과 마찬가지로 쉬운 일이 아니라는 것을 그때 배웠다.

그리고 이런 쓰라린 경험들은 훗날 140억 엔이나 되는 부채를 어떻게 처리할 것인지를 놓고 은행과 교섭을 벌일 때 큰 도움이 되었다.

이렇게까지 교육 효과가 있다면 **기업의 후계자에게는 반드시 지옥을 경험하게 해야 할 것이다.** 젊었을 때 지옥을 경험하면 여러 가지 능력을 익히게 된다. 첫째로, 어려운 업무를 처리해냄으로써 자신감이 붙는다. 자신감이 붙으면 이후의 업무에 적극적으로 임할 수 있게 된다. 아주 어려운 상황을 극복해 내면 맷집이 강해지고 배짱도 생기며, 배짱이 두둑해지면 박력까지 생긴다. 이런 것들은 영업을 할 때나 경영자로서 직원들을 대할 때나 매우 강한 효력으로 작용할 것이다.

평소에 다양한 상황에 대한 시뮬레이션을 반복한다

일생에 한 번 겪을까 말까 하는 중대한 고비를 맞이하게 되면 대부분의 사람은 공황 상태에 빠진다. "어떡하지? 어떡하지?" 하면서 발만 동동 구른다. 자랑은 아니지만, 나는 아버지가 친히 지옥으로 내던져 준 덕분에 현장에서 단련한 화술과 교섭력으로 극한의 상황을 수없이 극복했다.

가령 폭력조직과 관련된 식당에 밀린 임대료를 받으러 가면 상대는 고함부터 지르며 겁을 준다. 그런데 이때 기가 죽으면 상황은 끝이다. 지는 것이다. 그럴 때는 냉정하게 때를 기다려야 한다. 그러다 보면 상대편 이야기의 앞뒤가 맞지 않는 상황이 오는데, 이때를 놓치지 않고 상대편 주장의 모순점을 단번에 파고든다. 그래서 상대의 말문이 막히면 내가 이기는 것이다. 무사히 임대료를 받아 유유히 그곳을 떠날 수 있게 되는 것이다.

다만 화술만으로 상대를 제압할 수 있는 것은 아니다. 그래서 **사전에 실제 상황을 가정하고 시뮬레이션을 수없이 반복해봐야 한다.** 뇌에서 즙이 새어 나올 것 같을 때까지 반복해서 연습하면 교섭에서 이길 수 있는 길이 보이기 시작한다. 그리고 훈련이 몸에 배면 임기응변을 발휘해 순간적으로 반격도 할 수 있게 되는데, 이를 위해서는 상당한 훈련과 경험을 쌓아야 한다.

은행과의 교섭도 기본은 같다. 은행원의 본심을 읽고 유리한 조건에 융자를 이끌어내기 위해 나는 수없이 시뮬레이션을 했다. 다만 현실적인 교섭 시뮬레이션을 하기 위해서는 은행 특유의 환경에 대해 이해할 필요가 있다. 은행과의 교섭에 성공하기 위한 교섭력에 대해서는 뒤에서 자세히 소개하겠다.

특징 8

이익을 내는 사장은
돈을 이렇게 다룬다

**12 Secrets To Running A
PROFITABLE
COMPANY**

이익을 내는 사장은 숫자 감각이 뛰어나다

특징 8. 이익을 내는 사장은 돈을 이렇게 다룬다

이익을 내는 사장의 마음가짐
사장은 무조건 숫자 감각을 높여 놓아야 한다.
특히 최소한의 재무 자료는 읽을 줄 알아야 한다.

회사의 재무 자료는 읽을 줄 아는가?

지금까지 사장들과 상담을 해 오면서 가장 놀랐던 점은 자기 회사의 중요한 숫자를 제대로 파악하고 있는 사람이 매우 드물다는 것이다. 경영에 관해 상담하러 왔으면서도 당연히 파악하고 있어야 할 '이번 기의 매출액 전망'이나 '예상 이익'을 곧바로 말하지 못하는 경우도 많았다. **회사와 관련된 숫자를 물어봤을 때 그 자리에서 대답해 주는 사장은 30퍼센트 정도에 불과했다.** 개중에는 몇 기에 걸쳐 계속 적자를 보고 있는 회사도 있었다. 이쯤 되면 한심하게 느껴진다기보다 '이대로 괜찮을까?' 하는 생각에 내가 더 불안해진다.

사장이 경영과 관련된 숫자에 관심이 없고 적자가 나는 데도 신경 쓰지 않는 것은 '돈이 돌고 있으니 당장은 별 문제 없겠지……'라고 생각하기 때문이리라. 집에 자산이 많거나 은행에서 융자 받은 돈이 많이 남아 있는 경우, '아직은 괜찮다'고 생각하는 사람이 많은 듯하다. 그러나 자산이 바닥을 드러내 발등에 불이 떨어진 뒤에는 더 이상 손을 쓸 수 없게 된다.

또한 앞에서도 이야기했듯이 경영 관리가 미숙한 탓에 흑자가 났음에도 단순히 현금이 부족해 도산하는 경우도 있다. 그 정도는 아니더라도 사장이 숫자에 밝으면 결산 자료만 보고도 불필요한 지출을 줄이는 등의 대책을 빠르게 세울 수 있다. 그러니 사장은 무조건 숫자 감각을 높여 놓아야 한다.

다만 공인회계사나 세무사 수준으로 숫자를 다룰 수 있어야 한다는 것은 아니다. 경영과 관련된 최소한의 숫자를 다룰 줄만 알면 된다. 그중 손익계산서와 재무상태표, 현금흐름표 세 가지 재무 자료만큼은 반드시 볼 줄 알아야 한다.

숫자 이면에 있는 단서를 읽어내라

가끔 내게 상담을 요청한 회사들의 사내 결산보고회에 참석하는 경우가 있다. 각 부문의 결산 결과 발표에 이어 회사 전체의 결산 결과가 발표되는데, 어떤 회사를 가든 질문은 거의 나오지 않기 때문에 내가 대신 질문을 한다. 질문을 하는 이유는 성장의 방책을 궁리하기 위함이다. 결산 숫자는 그것이 좋든 좋지 않든 과거의 숫자에 불과하다. 그 숫자만을 봐서는 앞으로 회사가 성장하기 위해 어떤 수를 써야 할지 알 수 없다. 그래서 표면적인 숫자가 아니라 '숫자의 이면'을 파악하기 위해 질문을 하는 것이다. '숫자의 이면'에는 겉으로 드러나지 않는 다양한 문제점과 과제, 혹은 성장의 단서 등이 숨어 있다. 질문을 통해 문제가 어디에 있는지를 알면 대책을 세울 수 있다.

앞에서 이야기한 손익계산서, 재무상태표, 현금흐름표라는 세 가지 재무제표를 볼 줄 알게 되면 그 안의 숫자가 무엇을 의미하는지 이해할 수 있을 뿐만 아니라 '숫자의 이면'을 읽어낼 수 있게 된다. 그렇기 때문에 사장이 이 세 가지 자료를 볼 줄 알게 되기를 바라는 것이다.

특히 현금흐름표는 볼 줄 알 뿐만 아니라 활용할 줄도 알아야 한다. 그래서 나는 현금흐름표를 사용해 본 적이 없는 사장에게는 간단한 자금 흐름표를 만들어 매일 직접 숫자를 적어 넣으라고 권한다. 이것을 1년 정도 계속하면 언제 얼마의 돈이 빠져나가는지, 매달 고정비는 얼마나 드는지 등이 머릿속에 들어오게 된다. 좀 더 시간이 지나면 손익계산서와 재무상태표도 볼 수 있게 되며, 그러는 사이에 자연스럽게 숫자가 말을 걸어오게 될 것이다.

그리고 돈의 흐름을 읽을 수 있게 되면 회사를 보는 눈도 달라지게 된다.

매출액보다
이익 확보가
우선

특징 8. **이익을 내는 사장은 돈을 이렇게 다룬다**

이익을 내는 사장의 마음가짐

안일하게 적자 결산을 하지 않는다.
이익이 아닌 매출 목표를 최우선으로 삼는 경영은 위험하다.

절세와 융자 사이에서의 현명한 선택은?

"사장님, 이번 기회에 그동안 처리하지 않았던 과거의 평가손을
한꺼번에 처리하면 어떨까요?"

　"적자 결산을 하라는 말씀이신가요?"

"네. 그냥 내버려두면 2,000만 엔(약 2억 2,000만 원)의 흑자를 보지만, 3,000만 엔(약 3억 3,000만 원)의 특별손실을 계상하면 1,000만 엔(약 1억 1,000만 원)의 적자가 됩니다."

"그렇군요. 세금을 내지 않아도 되겠네요."

"그뿐만이 아닙니다. 앞으로 10년 동안은 매년 100만 엔(약 1,100만 원)씩 이익이 나더라도 세금을 낼 필요가 없어집니다."

"그런 고마운 일이! 역시 세무사님이십니다."

세무사는 자신의 절세 지식을 총 동원해 고문을 맡은 회사의 사장에게 큰 선물을 주고 싶었던 모양이다. 그러나 내게 상담을 받으러 온 사장에게서 이 이야기를 들은 나는 즉시 이렇게 조언했다.

"사장님, 세금을 내고 싶지 않다는 마음은 충분히 이해합니다다만, 그 방법은 쓰지 않는 편이 좋습니다. 먼저, 적자 결산을 하면 사장님의 회사는 채무 초과 상태가 됩니다. 그렇게 되면 융자를 해 줬던 은행은 뭐라고 생각하겠습니까? 게다가 3,000만 엔의 평가손에 관해 거래 은행에 말씀을 하셨던가요? 은행이 사장님네 회사가 이 사실을 고의로 숨기고 융자를 받았다고 생각할 경우 신용을 완전히 잃게 될 수도 있습니다."

그의 회사는 실적 호조로 사업을 확대할 여지가 크다. 앞으로 은행 융자를 더 받아야 할 상황인데, 은행으로부터 외면당한

이익을 내는 사장들의 12가지 특징

다면 사업 확대에 차질이 생긴다. 아무리 세금을 내기 싫더라도 절세에 힘쓸 상황이 아닌 것이다.

실제로 세무사의 의견을 받아들여 '회사의 고름'을 짜내는 결산을 한 회사 중에는 적자 결산으로 인해 융자가 막혀 버린 곳도 있다. 은행 담당자는 "지금부터 실적을 확대할 기회였는데……"라며 안타까워했다.

세무사는 세금 분야에서는 전문가다. 그만큼 절세에 관한 지식은 풍부할지 모르지만, 회사와 은행의 미묘한 관계에 대해서는 잘 모르는 경우가 많다.

이 경우는 다행히도 별일 없이 끝났지만, 이익을 압축하고 싶어 하는 경영자가 많은 것도 사실이다. 그러나 **사업을 확대하려고 한다면 절대로 이익을 줄여서는 안 된다.** 오히려 이익을 최대한 늘리려고 노력해야 한다. 그 이유는 첫째, 이익잉여금을 불려서 투자 여력을 높이기 위해서이며, 둘째, 은행과의 신뢰 관계를 유지해 더 많은 융자를 이끌어내기 위해서다.

이익 목표 vs. 경영 목표

필사적으로 매출액을 늘리려 하는 사장을 종종 본다. 그러나 단언컨대 이는 잘못된 행동이다. **매출액이 아니라 이익을 최우선으로 삼아야 하는 것이다.**

매출액을 중요하게 여기는 것은 어쩌면 당연할 수 있지만, 필요 이상으로 경비를 들여서 매출액을 높이는 것은 지양해야 한다. 대기업의 경우, 매출액을 늘리기 위해 엄청난 경비를 투입하기도 하는데, 이것은 여력이 있기에 가능한 일이다. 중소기업이 따라 할 필요는 전혀 없다.

중소기업은 최대한 많은 이익을 내고, 매달 융자금을 착실히 상환하는 것이 무엇보다 중요하다. 그러면 은행도 안심하고 융자를 확대해 줄 것이다.

경영 목표를 결정할 때도 매출 목표를 먼저 결정하지 말고 이익이 얼마나 나야 하는지를 먼저 결정해야 한다. 그런 다음 그 이익을 확보하려면 매출액이 얼마가 되어야 하는지 따져보는 식으로 매출 목표를 정한다. 성장하는 중소기업은 이런 방법으로 목표를 결정한다.

관건은
외상매출금을
얼마나 빠르게 회수하느냐

특징 8. 이익을 내는 사장은 돈을 이렇게 다룬다

이익을 내는 사장의 마음가짐

아무리 매출액이 높아도 현금이 부족하면 치명적이다.
외상매출금은 사장이 나서서 확실히 회수한다.

매출액은 손안에 들어왔을 때 비로소 매출이 된다

"아직 입금이 안 됐는데, 믿어도 되는 겁니까?"

전화를 받고서야 반년 전에 구입했던 기계의 대금 지급 기한
이 코앞으로 다가왔음을 깨닫는다. 황급히 대금을 입금하려고

했으나 회사 통장에 잔액이 부족하다. 거래 은행으로 달려가 융자를 신청했지만 기한에 맞출 수가 없어 결국 여기저기에서 비싼 이자로 돈을 빌려 대금을 치르고 만다.

중소기업의 경영자라면 "이런 일은 이제 익숙하지"라고 말할지 모르지만, 잔액 부족이 치명타가 되는 시대다. 심각한 사태에 이르기 전에 현금흐름표를 이용해 현금의 수지 관리를 철저히 하도록 하자.

또한 현금 수지 관리가 중요한 이유는 이렇게 예상치 못했던 자금 부족 사태를 미연에 방지하기 위해서만이 아니다. 가장 큰 문제는 외상매출금을 회수하는 데 있다.

그런데 사실은 이 부분을 허술하게 관리하는 회사가 매우 많다. 외상매출금은 이미 매출이 일어났으므로 회사의 자산임에는 틀림이 없지만 아직 다른 사람의 수중에 있는 돈이다. 일반적으로는 수개월 안에 입금이 되어야 하지만, 모두 알다시피 그렇지 않을 때도 있다. 방치해 두면 미수금이 되어서 회수하기가 어려워진다. 따라서 이 외상매출금을 얼마나 빠르고 확실하게 회수하느냐는 중소기업에 매우 중요한 문제다.

내가 아버지의 회사에 막 들어갔을 무렵, 아버지는 내 귀에 못이 박히도록 말씀하셨다.

"매출액은 손안에 들어왔을 때 비로소 매출이 된단다."

제2차 세계대전이 끝난 뒤 어수선한 분위기 속에서 회사를 차린 아버지는 수많은 금전 문제에 휘말리는 상황에서 금전 감각을 갈고닦았다. 그 때문인지 현금에 대한 집착이 보통이 아니었는데, 태연한 표정으로 채권을 회수해 오라며 나를 폭력조직 사무실로 보낼 정도였다.

최근 들어 흑자도산, 거래 대금 사기, 직원의 회계 부정 등 현금이 얽힌 문제가 늘어나고 있다. 사장을 포함해 모든 직원의 현금에 대한 의식을 높일 필요가 있다.

거래 대금은 조금씩 나눠서라도 확실히 회수한다

약한 사람을 괴롭히고 싶어 하는 사람은 없다. 그러나 회사를 경영하다 보면 "죄송합니다. 이번 달도 정말 사정이 힘드네요. 다음 달까지만 기다려 주실 수 없겠습니까?"라고 묻는 전화를 받아 본 적은 있을 것이다. 그럴 때 "그런가요? 알겠습니다. 그러면 다음 달에는 꼭 부탁드립니다"라고 말하고 전화를 끊었다면 상대가 이쪽을 만만하게 보고 있다고 생각하는 편이 좋을 것이다. 애초에 전화로 해결하려고 하는 자세가 틀렸다.

이럴 때는 **먼저 사장이 직접 상대를 찾아가 무슨 수를 써서**

라도 회수하겠다는 강한 의지를 보여 줘야 한다. 큰 금액이라면 몇 달이 걸리더라도 꼭 회수하겠다는 정도의 기백을 보여 줘야 상대도 돈을 줘야겠다는 생각을 하게 된다. 거래처에서도 상대를 보고 대금 지급 순서를 결정하는 것이다. 한 번에 전액을 회수할 수 없다면 분납이라도 상관없다. 조금씩 나눠서라도 회수해야 나가야 한다.

다만, 정말로 도산 직전까지 간 상태여서 회수가 불가능한 경우도 있다. 그럴 때는 어떻게 해야 할까? 도산하면 은행이 제일 먼저 자산을 압류해 가므로 그 전에 받으러 가는 수밖에 달리 방법이 없다.

그렇다면 어떻게 해야 밀린 대금을 받을 수 있을까? 가장 효과적인 방법은 만에 하나의 사태에 대비해 미리 거래처의 자산 상황을 면밀하게 조사해 놓는 것이다. 거래를 하기 전에 재무 관련 자료를 받아 보는 것도 좋다. 대기업은 당연히 이런 방식으로 거래처를 결정한다.

설령 미수금이 500만 엔(약 5,500만 원) 정도라 해도 그만큼의 이익을 확보하려면 그보다 몇 배 되는 매출이 필요하다. 절대 현금의 중요성을 우습게 생각해서는 안 된다.

자금 관리는
반드시
두 명 이상에게 시킨다

특징 8. **이익을 내는 사장은 돈을 이렇게 다룬다**

이익을 내는 사장의 마음가짐
직원에게 은행용 도장을 맡기는 것이 문제가 아니라
그 후 관리를 제대로 하지 않는 것이 더 큰 문제다.

돈이 늘지 않는 효과적인 방법 시스템이란?

중소기업에서는 금전과 관련된 사고가 자주 일어나곤 한다. 회
사의 내부 직원이 일으키는 금전 사고는 외부로 알려지지 않아
서 그렇지, 내가 아는 한은 점점 증가하고 있다.

나의 지인 중에는 은행 거래용 도장을 직원에게 맡긴 사장이 있었다. 그 직원은 진심으로 신뢰하는, 말 그대로 심복이었다고 한다. 그런데 그렇게 믿었던 직원이 회사 돈 7,000만 엔(약 7억 8,000만 원)을 횡령했다. 오랜 기간에 걸쳐 조금씩 횡령했기 때문에 7,000만 엔은 확인된 금액일 뿐이고, 실제로 횡령한 금액은 아마도 더 많을 것이다. 이 일로 그 직원은 재판에서 실형을 선고받았고, 회사는 얼마 후 결국 도산하고 말았다.

　왜 이렇게 비참한 일이 일어났을까? 직원에게 은행 거래용 도장을 맡기지 않았다면 좋았겠지만 이미 엎질러진 물이다. 그리고 일을 하다 보면 직원에게 도장을 맡겨야 하는 경우도 있을 수 있다. 말하자면, 직원에게 은행 거래용 도장을 맡긴 것이 문제라기보다 그 후 관리를 제대로 하지 않은 것이 더 큰 문제였다고 할 수 있다.

　그러나 중소기업은 대기업처럼 큰돈을 들여 보안 수준을 강화할 여유가 없다. 아무래도 사람의 손에 의지할 수밖에 없다. 이것이 중소기업에서 금전 사고가 계속 증가하고 있는 요인이기도 하다. 역시 인간은 잘못을 저지를 때도 있다는 전제하에 회사의 시스템을 새롭게 만드는 수밖에 없다.

　먼저, **자금 관리를 한 사람에게만 맡기지 말아야 한다.** 나는 상담을 받으러 온 사장들에게 "돈을 받는 사람, 회계 업무를 담당하는 사람, 입금하는 사람을 따로따로 두지 않으면 언젠가 낭패를 볼 수도 있습니다"라고 귀에 못이 박히도록 이야기한다. 이중 삼중으로 확인하면 오류가 발생할 확률은 확실히 감소한다. 돌다리도 두드리면서 건너라는 것이다.

다음으로, 사장이 때때로 장부상의 현금 잔액과 실제 현금 잔액을 확인해 보는 것도 부정을 방지하는 데 효과적이다. 사장이 감시의 눈을 번뜩이고 있으면 누구도 나쁜 마음을 품지 못할 것이다.

이처럼 사장에게 방범 의식이 있으면 돈을 들이지 않아도 효과적인 시스템을 만들 수 있다. 부정행위를 유발할 수 있는 허술한 관리 체제를 재검토하는 것만으로도 금전 사고의 발생 가능성을 막는 효과가 있는 것이다.

특징 9

은행이 돈을
빌려주고 싶게
만드는 방법

12 Secrets To Running A
**PROFITABLE
COMPANY**

중소기업이
은행과의 관계에서
힘을 갖는 방법

 **특징 9. 은행이 돈을 빌려주고 싶게 만드는 방법**

이익을 내는 사장의 마음가짐

은행과 좋은 관계를 유지해야 하지만 비굴할 필요는 없다.
오히려 은행과 대등한 관계를 맺을 방법을 강구하자.

세 곳 이상의 은행과 거래하라

중소기업을 둘러싼 금융 환경이 크게 변화하고 있다. 은행도 살
아남기 위해 필사적이다. 지금 창업을 꿈꾸고 있는 예비 사장은
물론 경험 많은 베테랑 사장도 시대의 변화를 감안한 은행 상대

법을 확실히 익혀 둬야 할 것이다.

　제일 먼저 이야기할 것은 은행에 대한 기본적인 자세인데, 안타깝게도 중소기업과 은행은 대등한 관계라고 말할 수 없다. 대기업이라면 필요한 사채를 발행하는 등의 방식으로 자금을 직접 조달할 수 있지만, 중소기업은 금융 기관의 융자에 의존하는 수밖에 없다. 게다가 정보 측면에서도 은행이 압도적으로 유리하다.

　그런 탓에 은행을 상대할 때 비굴해지는 사장도 있는데, 아무리 약한 처지라고 해도 비굴해질 필요는 없다. 은행에게 중소기업은 어디까지나 '금융'이라는 상품을 사 주는 고객이기 때문이다. 약정한 대로 융자금을 상환하고 있다면 콧대를 높여도 된다. 다만 자금이 궁할 때는 고개를 숙여야 하므로 평소부터 냉정을 유지하며 하나의 거래처라는 마음가짐으로 은행을 대해야 할 것이다.

　그런데 중소기업의 약한 처지를 조금 강화할 방법은 있다. 하나의 은행하고만 거래하지 않고 복수의 은행과 거래하면 조금은 힘을 갖게 된다. **은행을 선택할 권리가 중소기업에게 있는 것이다.** 그래서 나는 사장들에게 성격이 조금씩 다른 세 곳 이상의 은행과 거래하기를 강하게 권한다.

금융계의 변화를 주시하고 대비하라

복수의 은행과 거래하기에 앞서 은행의 규모별 분류를 확인해 놓자.

은행은 크게 전국에 지점을 두고 대기업 및 중소기업을 거래 대상으로 하는 대형 은행, 특정 지방을 중심으로 영업을 하는 지방은행, 그리고 지방 밀착형의 신용금고와 신용조합으로 나눌 수 있다.

각각의 은행은 금리 및 자금력 등에서 차이가 있으므로 자사의 상황에 맞춰 금융 기관을 선택하면 된다. 이를테면 연고지의 신용금고를 주거래 은행으로 삼고 융자에 적극적인 지방은행을 부거래 은행으로 삼는 것이다. 이렇게 해 놓으면 하나의 은행하고만 거래할 때와 달리 다음 융자를 어디에서 받을지, 어떻게 하면 유리한 조건으로 융자를 받을 수 있을지 등의 대책을 세울 수 있게 된다. 후보 은행을 어느 정도 좁혔다면 실제로 그 은행과 거래하고 있는 경영자에게 이것저것 물어보자.

사실 복수의 은행과 거래할 것을 권하는 이유는 또 있다. 일본의 경우 금융 재편의 거대한 파도는 아직 완전히 잦아들지 않았다. 앞으로도 많은 지방은행, 신용금고의 합병이 이어질 것이다. 그런데 만약 거래하는 은행이 한 곳뿐이라면 만에 하나 그 은행이 다른 은행에 흡수되었을 때 여러분의 회사를 대하는 태도가 크게 달라질 위험성이 있다. 그런 리스크를 피하기 위해서라도 복수의 은행과 거래하기를 권한다.

정보를
한 은행에
집중시키지 않는다

특징 9. 은행이 돈을 빌려주고 싶게 만드는 방법

이익을 내는 사장의 마음가짐

**계좌 분산을 꾀해 거래도, 정보도
한 은행에 집중되지 않게 한다.**

계좌 분산은 기본!

앞에서는 은행과의 교섭을 유리하게 이끌기 위해 거래 은행을
한 곳으로 집중시키지 말라고 했는데, 집중시키지 말아야 하는
것은 또 있다. 바로 정보다. 모든 정보를 은행 한 곳에 집중시켜

서는 안 된다.

보통은 복수의 은행으로부터 각종 융자를 받아서 사업을 하게 되는데, 그럴 때도 업무 결제와 관련된 정보는 주거래 은행에 집중되기 쉽다. 그러나 그럴 경우 아무리 복수의 은행과 거래하고 있다 해도 하나의 은행과 거래하는 것이나 다름없는 상태가 되어 버린다. 이런 상황을 피하기 위해서는 **의식적으로 계좌 분산을 꾀할 필요가 있다.**

나는 상담을 받기 위해 찾아오는 사람들에게 이체용 계좌, 입금용 계좌, 예금용 계좌를 분리하라고 권한다. 물론 한 은행당 한 계좌씩 개설한다. 계좌 하나로 전부 해결하려고 하면 편리하기는 하지만, 그 대가로 회사의 입출금 상황이나 자산 증감 등의 기록을 한 곳에 남기게 된다. 계좌가 있는 은행은 당연히 그 상황을 언제라도 알 수 있다. 은행으로서는 고객이라고 해도 어디까지나 돈을 빌려 준 상대다. 돈을 빌려 준 상대에게 어느 정도 상환 능력이 있느냐가 매우 중요한 관심사일 수밖에 없다. 그뿐 아니라 예금 잔액이 착실히 늘고 있다면 추가 융자를 제안할 수도 있다. 따라서 온갖 수단을 동원해 그런 평가·판단에 필요한 정보를 수집하려고 할 수도 있다.

계좌를 한 은행에 집중시켜서는 안 되는 이유는 그것만이 아니다. 은행은 상환 불능의 우려가 높아지면 최대한 많은 자금을 회수하려고 한다. 계좌 정보가 파악되면 가령 거래처에서의 입금 기록을 조사함으로써 대략적인 외상매출금을 파악할 수 있다. 또한 몰래 예금을 옮기더라도 금방 들통이 난다. 그리고 결국 도산하면 순식간에 모든 자산을 차압당하게 된다. 여기에 사장의 개인 계좌까지 같은 은행에 있다면 최악의 경우 계좌가 동결될 수도 있다.

　사장은 최악의 사태를 가정하고 반드시 계좌를 분산해 두어야 한다.

평소에 신뢰 관계를 구축하기 위해 힘쓴다

복수의 은행과 거래를 시작하면 다양한 금융 정보를 접할 수 있다. 또한 은행의 생각이나 가치관이 각각 미묘하게 다르다는 사실도 알게 된다. 이런 것들은 이후의 융자 교섭에 큰 도움이 될 것이다.

　또한 은행 등급에 맞춰 나름의 배려를 할 필요도 있다. 특히 주거래 은행이 신용금고나 신용조합이고, 부거래 은행이 대형은행이나 지방은행일 경우에는 융자 금액, 담보 설정 등의 균형을 적절히 맞춤으로써 상위 은행의 체면을 깎지 않는 배려가 필요하다. 또한 복수의 은행과 거래하면 은행의 각종 캠페인에 협력을 요청받는 일도 늘어난다. 그럴 경우 성의를 다해 대응하길 바란다. 당장 급하게 자금이 필요하지 않더라도 융자를 신청하면 담당자는 고마워한다. **담당자로서는 실적이 생겼으므로 신세를 졌다고 생각할 수 있다.** 나도 이런 방법으로 중요한 순간에 귀중한 정보를 얻을 수 있었다.

이런 정성스러운 대응을 거듭하면 은행과 회사의 유대가 강화될 수 있다. 그리고 동시에 사장과 은행 담당자 사이에 신뢰 관계가 형성된다. 그래서 은행 담당자가 상사나 본부에 "이 사장은 믿을 수 있는 사람입니다"라고 보고한다면 대성공이다.

은행의 경쟁심을
효과적으로
이용한다

특징 9. **은행이 돈을 빌려주고 싶게 만드는 방법**

이익을 내는 사장의 마음가짐
**은행과 신뢰를 바탕으로 관계를 맺되,
다른 은행의 동향을 전략적으로 활용한다.**

은행의 생리를 알면 융자가 쉬워진다

어느 유통업 회사의 사장이 상담을 받기 위해 나를 찾아왔다. 상
품 매입 대금 때문에 단기 융자를 신청했는데 좀처럼 승인이 나
지 않아서 곤란하다는 것이었다.

"다른 은행과도 상담을 해 보셨나요?"

"아니요. 복수의 은행과 거래는 하고 있지만 이미 다른 건으로 융자를 받았기 때문에 이번에는 ○○은행에만 부탁을 했습니다."

"사장님의 회사는 사업이 성장하고 있어서 상환에는 문제가 없지 않습니까? 단기 융자라면 어디를 가더라도 대응해 줄 겁니다."

나는 이 사장에게 복수의 은행과 상담해 볼 것을 권했다. 내 노림수는 은행의 생리를 효과적으로 이용하는 것이었다. 은행의 경우, 돈이라는 차별화하기 어려운 상품을 취급하기 때문인지 같은 경기장에서 라이벌 은행과 고객 쟁탈전을 벌이는 일이 많다. 금리 차이도 거의 없다.

"××은행에서 ○○엔까지 융자가 가능하다고 했다는 거죠? 저희는 그보다 더 해 드리겠습니다."

"그렇습니까? 알겠습니다. 저희도 바로 의논해 보겠습니다."

대형 은행들끼리, 지방은행들끼리는 라이벌 의식을 숨기지 않기 때문에 이런 식으로 이야기가 진행되는 경우도 있다. 너무 노골적이어서 나쁜 인상을 준다면 곤란하지만, 은행 담당자 역시 어렴풋이 느끼면서도 고객의 도발에 응하고는 한다.

이 사장에게는 먼저 확실한 사업계획서를 만든 다음 가장 가능성이 낮은 은행부터 순서대로 융자 신청을 하게 했다. 연습도 할 겸해서 처음에는 가능성이 낮은 곳부터 돌게 한 것이다. 그 결과 두 은행으로부터 희망 금액을 전액 융자해 주겠다는 대답을 들었다.

"사실 이렇게 많은 돈은 필요 없는데, 어떻게 할까요?"

"그쪽에서 꼭 빌리기를 원한다면 필요 없는 자금이라도 빌려서 은행의 체면을 세워 주는 도량도 필요합니다."

신뢰하고 있다는 것을 강하게 어필한다

이렇게 다른 은행과 보조를 맞추려고 하는 은행의 특징을 역이용하는 방법도 있다.

평범한 경영자는 은행에 융자를 의뢰할 때 먼저 가장 유력한 은행을 찾아간다. 물론 그래서 바로 승인을 받으면 문제는 순조롭게 해결된다. 그러나 거절당하면 다음으로 가능성이 있을 것 같은 은행을 찾아가는데, 이때 은행 담당자가 슬쩍 물어본다.

"그런데 ○○은행에서는 뭐라고 했습니까?"

"그게 좀 힘들다고……."

정직한 사장은 이렇게 대답할 것이다. 그러면 담당자는 이렇게 생각한다.

'○○은행에서 거절했다면 뭔가 이유가 있을지 몰라. 우리도 일단 거절하자.'

이래서는 아무리 은행을 돌아다녀도 결과가 똑같을 수밖에 없다. 나라면 거의 동시에 서너 곳의 은행을 찾아가 이렇게 말할 것이다.

"이곳이라면 반드시 융자해 주실 거라고 생각해 제일 먼저 찾아왔습니다. 정 안 된다면 다른 은행에 가서 부탁해 볼 생각입니다만, 부디 긍정적으로 검토해 주십시오."

허세를 부리는 것 같을 수도 있지만, 다른 은행에서 거절당해 어쩔 수 없이 온 것이 아니므로 딱히 문제될 것은 없다. 또한 시간도 절약할 수 있다. "저 은행에서는 융자해 주겠다고 말했습니다"라고 말해서 경쟁심을 부추기는 작전도 있지만, **다른 곳보다 먼저 방문함으로써 담당자를 기분 좋게 해서 융자를 이끌어내는 방법도 있다는** 말이다.

다만 어떤 말을 하든 신용을 훼손하지 않도록, 온갖 상황을 예상하면서 단어를 신중하게 고를 필요가 있다.

은행 빚은
빨리 갚기보다
활용하는 쪽으로!

특징 9. 은행이 돈을 빌려주고 싶게 만드는 방법

이익을 내는 사장의 마음가짐

무차입 경영은 위험할 수 있다. 오히려 융자를 받아
이익을 내서 이자를 갚는 것을 목표로 삼는다.

은행 빚을 빨리 갚으려고 하지 말라

은행 차입금 3억 엔(약 33억 원)을 어떻게 갚아야 할지 항상 고
민이라는 사장이 있었다.

"사장님, 갚으려고 하니까 고민되는 겁니다. 왜 갚을 생각만

하시나요?"

"그야 당연하지 않습니까? 빌린 돈이니 갚아야지요."

"하지만 사업을 계속한다면 차입금이 있어도 문제가 없지 않습니까?"

"그야 그렇지만……."

상환도 착실히 하고 있어서 그렇게까지 고민할 필요가 없을 텐데, 지나치게 고지식한 성격 때문인지 고민이 많아 보였다. 그런데 생각해보라. **은행이 빌려준 돈 만큼만 갚기를 바랄까?** 은행이 돈을 빌려주는 이유는 이자를 받기 위해서다. 은행은 이 사장이 가능하면 계속 돈을 빌려 가기를 바랄 것이다. 그러니 은행에서 돈을 빌려 사업을 하고 있다면 더 열심히 일해서 계속 돈을 버는 것이 최선이다.

"은행에 빚을 갚으려고 생각하지 마시오!"

듣기에 따라 다소 자극적으로 들릴 수도 있는 이 말은 빌린 돈을 떼어먹으라는 말이 아니다. 경영자라면 소극적으로만 생각하지 말고 '더 많은 돈을 빌려서 사업을 확대해 더 많은 수익을 내고, 그만큼의 이자를 확실히 내라'는 의미다. 은행은 바로 이런 회사에 돈을 빌려주고 싶어 한다.

내 경험에 의하면 차입금 3억 엔이 사장의 의식의 전환점이다. 나는 3억 엔은 평생을 바치면 본인이 갚을 수 있는 돈이라고 본다. 그러니 그 정도까지는 갚을 생각으로 빌리게 된다. 그러나 5억(약 55억 원), 10억 엔(약 111억 원)이 되면 혼자서는 도저히 갚을 수 있는 금액이 아니기 때문에 오히려 마음이 편해진다. 그 이상은 10억 엔이든 100억 엔이든 똑같아진다. 어차피 배에 힘을 꽉 주는 수밖에 없는 것이다.

"사장님, 3억 엔 같은 어중간한 금액을 빌리니까 마음이 무거워지는 겁니다. 더 빌리시면 어떨까요?"

가벼운 농담이었지만 절반쯤은 내 진심이기도 했다. 빚을 재산으로 생각할 수 있게 되었을 때 비로소 진정한 사장이 되는 것이다.

은행 융자금 상환 실적이 곧 신용!

언론에서 무차입 경영을 하는 회사를 소개할 때가 종종 있다. 탐욕스러운 대금업자에게 의지하지 않고 자신의 돈만으로 훌륭하게 회사를 경영하는 것을 사람들은 멋지다고 말한다.

그러나 이는 완전히 착각이다. 분명히 은행에 고개를 숙일 필요도 없고 차입금에 대한 상환 압박도 받지 않는다는 장점이 있을 수 있다. 사업 자금 마련 때문에 매일같이 고심하는 경영자에게는 꿈만 같은 이야기다. 그러나 돈을 너무 많이 벌어서 빌릴 필요가 없는 까닭에 무차입 경영을 하는 경우보다는 돈을 빌려서까지 사업을 확대하고 싶지 않기 때문에 무차입 경영을 하는 경우가 많다. 결코 경영 수완이 뛰어나서가 아닌 것이다.

게다가 무차입 경영을 하던 회사가 갑자기 자금이 필요해져서 은행을 찾아가면 어떻게 될까? 일본에서는 이런 경우 은행이 쉽게 돈을 빌려주지 않는다. **은행은 돈을 빌린 실적이 있고, 연체 없이 상환하는 회사를 우선순위에 놓는다.** 상환 실적이 곧 신용이 되는 것이다. 은행 융자 예산에 여유가 있다면 가능할 수도 있지만, 그래도 처음에는 시간이 걸린다. 돈을 빌린 경험이 없으면 서류를 작성하는 데도 시간이 걸릴 것이다.

그뿐만이 아니다. 큰 자연재해가 발생한 후에는 많은 회사들이 일제히 긴급 융자를 신청하는데, 이때 단골 고객이 아닌 회사는 아무리 상환 능력이 있다 하더라도 어느 은행을 가든 후순위로 밀려날 수밖에 없다.

아무리 은행에서 돈을 빌리는 것이 싫더라도 긴급할 때를 대비해 은행 차입 실적만큼은 만들어 놓도록 하자.

은행이
돈을 빌려 주고 싶게
만드는 방법

특징 9. 은행이 돈을 빌려주고 싶게 만드는 방법

이익을 내는 사장의 마음가짐

경영 실적을 통해 상환 능력이 있다고 판단하게 한다.
경영자로서 자질이 우수하다고 평가하게 한다.

은행이 융자의 근거로 삼는 네 가지

은행 융자를 받으려면 은행 담당자에게 자사가 건전한 대출처
라는 인상을 줄 필요가 있다. 이를 위해서는 은행 담당자가 판단
의 근거로 삼는 다음의 네 가지에 유의해야 한다.

먼저, 과거 3년분의 결산보고서를 바탕으로 사업 상황을 설명한다. 이때 은행이 관심을 갖는 부분, 특히 '상환 능력이 있는가?'나 '돈을 갚지 못할 우려는 없는가?'에 관해 안도감을 주는 내용을 담아야 한다.

은행 담당자가 가장 중요하게 생각하는 것은 영업손익 추이이다. 설령 3기 연속으로 최종 흑자를 기록했더라도 영업손익이 적자라면 불합격이다. 사업 자체에는 상환 능력이 없다고 간주되기 때문이다. 이 차이를 이해하지 못하면 사장의 자질을 의심받게 될 수 있으니 사전에 반드시 확인해 놓도록 하자.

둘째, 이렇게 준비한 자료를 막힘없이 명쾌하게 설명함으로써 분식 회계나 허위 기재가 없음을 어필해야 한다. 이렇게 프레젠테이션을 하려면 평소에 현금흐름표를 직접 작성하는 등 경영과 관련된 숫자에 관심을 갖고 경영에 임해야 한다. 그러면 은행이 어떤 숫자에 관심이 있는지도 자연스럽게 알게 된다.

나는 사장들에게 융자를 신청하러 은행에 갈 때 과거 3년분의 결산보고서뿐 아니라 향후 3개년의 사업계획서도 지참하도록 지도한다. 이 자료를 가져가면 은행원에게 매우 좋은 평가를 받을 수 있기 때문에 누구에게나 권한다. 요전에도 한 사장이 은행 세 곳에 융자를 신청하면서 내가 지도한 대로 프레젠테이션을 한 결과 세 곳에서 다 융자 승인을 받았다. 이 사장은 즐거운

비명을 질렀다.

셋째, 경영자로서 자질이 우수하다고 평가하게 한다. 사장이 직접 작성한 사업계획서의 프레젠테이션을 자신 있게 하면 은행원은 매우 강렬한 인상을 받게 된다. 여기에 나는 최대한 허풍을 떨라고도 주문한다. 결산서를 허위로 기재해서는 안 되지만, 아직 일어나지 않은 미래의 일로 책임을 추궁당하는 일은 없다. 장래성이 있다고 느껴지는 이야기가 높게 평가받으므로 자신감을 갖는 것이 중요하다.

최근 들어 은행 융자의 판단 기준이 담보 지상주의에서 사장의 자질이나 사업 내용 중심으로 바뀌고 있다. 경영자나 회사의 장래성을 보고 돈을 빌려주는 식으로 흐름이 만들어지고 있는 것이다. 이런 시대의 흐름에 잘 올라타는 것도 중요하다.

마지막으로, 융자 담당 은행원의 처지를 생각해 보자. 앞에서 소개한 항목을 충족시켰을 경우 담당자는 사내 심사를 위해 품의서를 작성하게 되는데, 신청자가 지참한 자료에 알기 쉽고 설득력 있는 숫자가 나열되어 있으면 자신 있게 품의서를 올릴 수 있다. 여기까지 생각해서 자료를 만들도록 하자.

여기에 한 가지 팁을 더 준다면, 3개년 사업계획서를 작성할 때는 특히 3년차에 성과가 나오도록 만든다. 당연히 사업계획서의 장래성을 좋게 보이기 위함이지만, 한편으로는 은행 담당자에 대한 배려이기도 하다. 당장 효과가 나타날 거라고 하면 믿음을 주기가 더 어렵기도 하고, 2년 동안 씨앗을 뿌리고 키운 다음 3년차에 큰 결실을 맺는 것이 좀 더 현실적인 것도 사실이다. 은행의 담당자가 품의서를 작성하기 쉽도록 통과되기 쉬운 사업계획서를 작성해 주는 것도 중요한 일이다.

돈을 빌려준다고 해서 은행이 당신 편은 아니다

특징 9. 은행이 돈을 빌려주고 싶게 만드는 방법

이익을 내는 사장의 마음가짐
은행은 돈을 빌려주고, 빌려준 돈을 회수하는 것이 목적이다.
경영과 관련된 무리한 요구는 무시하도록 한다.

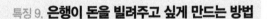

은행은 금융 전문가일 뿐, 경영 전문가는 아니다

아무리 융자를 받았다 해도 은행이 요구하는 대로만 해서는 절대 안 된다.

돈을 빌려준다고 해서 은행이 그 회사의 편인 것은 아니다.

'비 오는 날에 우산을 빌려주지 않고 맑은 날에 우산을 빌려주는' 곳이 은행이다. 내가 사장들과 이야기를 나누면서 가장 답답하게 느낀 점은 이런 현실을 알면서도 **빚을 졌다는 부담감 때문인지 은행이 시키는 대로 하는 사장이 매우 많다**는 것이다. 항상 신세를 지고 있는 은행의 의향이기도 하고, 급한 불은 꺼야 하므로 어쩔 수 없이 이런 요구를 따르는 경우가 많은데, 그러면 나중에 크게 낭패를 보게 될 수도 있다.

일본에서는 이런 사례를 흔히 볼 수 있는데, 몇 달 상환이 연체되면 은행은 반드시 회사에 비용 절감을 요구한다. "이 이상 줄이는 것은 무리입니다. 회사가 무너집니다"라고 사정해도 "물론 힘드시겠지만, 귀사의 매출 규모를 생각하면 경비를 좀 더 절감하셔야 합니다"라는 대답이 돌아오곤 한다. 그리고 사업 축소나 자산 매각 등 회사의 활력을 점점 빼앗는 선택을 강요한다. 사장은 울며 겨자 먹기로 은행의 의향을 따른다.

"매출을 늘리려면 점포를 리뉴얼해야 합니다. 그 목적이라면 추가 융자 요청도 고려해 보겠습니다" 같은 말은 절대로 하지 않는다. 융자 담당자라고 해도 경영의 전문가는 아니며, 하물며 거래 회사의 사업 내용을 제대로 알 리도 없다. 그들이 할 수 있는 일은 비용 절감을 요구하는 것이며, 이것을 최우선으로 생각한다. 게다가 이런 요구는 어려움에 빠진 회사를 위해서라기보다 자금을 회수하기 위함이다. 그들의 가장 큰 관심사는 최악의 경우에 얼마나 손실을 회피할 수 있느냐다. 거래 회사가 어떻게 되느냐는 부차적인 문제, 즉 '내 알 바 아닌' 것이다.

융자는 받되 불합리한 요구는 적당히 무시한다

은행원도 회사원이다. 출세를 위해서는 상사의 뜻을 거스를 수 없다. 게다가 은행이라는 거대한 조직의 일원으로서 은행의 이익에 공헌할 것을 강하게 요구받는다. 그래서 불합리한 줄 알면서도 처지가 약한 거래 회사를 울릴 때도 있다.

나도 은행의 불합리한 요구에 분해서 눈물을 삼켰던 적이 수없이 많았다.

한번은 아버지가 융자 조건을 변경하는 조건으로 나를 연대보증인으로 세우는 것을 나 몰래 용인하셨다. 이 때문에 내가 얼마나 고통을 받았는지 다른 사람들은 모른다. 나중에 생각해 보니 은행 측의 요구를 과감하게 거부했어야 하며, 이것은 법령을 살펴봐도 당연한 권리였다. 이후 나는 '지켜야 할 것은 내가 직접 지키는 수밖에 없다'고 각오를 굳히고 은행과의 교섭에 임하게 되었다.

금융 지식이 거의 없다는 이유로 은행의 부당하고 불법적인 요구에 올바르게 대항하지 못해 고통 받는 중소기업 사장이 많다. 그럴 때 어떻게 대처해야 할지 전수하고 돕는 것도 나의 소임이다.

이익을 내는 사장들의 12가지 특징

은행 담당자와
비즈니스를 넘어
인간적으로 교류하라

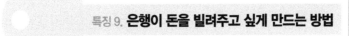

특징 9. **은행이 돈을 빌려주고 싶게 만드는 방법**

이익을 내는 사장의 마음가짐

은행원에게 나쁜 인상을 주지 않는다.
신뢰할 수 있는 은행원과 평소부터 진실한 마음으로 교류한다.

은행이 나를 신뢰할 수 있게 하라

돈을 빌릴 때는 연신 고개를 숙이며 굽실대지만 일단 빌리고 나
면 갑자기 씀씀이가 커지는 사장이 있다. 작은 마을이라면 이런
이야기는 금방 은행원의 귀에 들어간다. 만약 융자 받은 사람이

비싼 외제차를 타고 다니는 모습을 돈을 빌려준 은행 담당자가 본다면 어떤 생각이 들까?

'저 회사, 분명히 재정적으로 어려웠을 텐데……. 혹시 우리 은행에서 빌린 돈으로 저러고 다니는 기 아니야?'

은행원도 사람이다. 저런 사람에게는 두 번 다시 돈을 빌려주고 싶지 않다는 생각이 들게 만들면, 그것으로 끝이다. 은행은 철저히 문서주의에 의해 돌아가는 곳이어서 전임자의 기록이 계속 남아 이후에도 영향을 끼친다. 융자 담당자에게 좋지 않은 인상을 줘서 부정적인 기록이 남는다면 그 은행에서는 두 번 다시 융자를 받지 못할 수도 있다.

복장도 중요하다. 나는 "그 차림으로 은행에 돈을 빌리러 가시는 건 좋은 생각이 아닙니다"라며 2대, 3대의 젊은 사장들에게 복장이나 소지품에 관해 주의를 줄 때가 종종 있다. 면접의 기본은 '몸가짐은 청결하게, 태도는 예의 바르게'가 기본인데, 은행 상담을 받으러 갈 때도 마찬가지다. 물론 고가의 액세서리나 고급 시계 같은 것도 차면 안 된다. 사치스러운 취미나 낭비벽은 가장 안 좋은 인상을 준다. 은행원과 상담을 받으러 갈 때는 부디 복장에도 신경을 쓰도록 하자.

또 신뢰를 배신하는 행위는 절대 금물이다. 은행과 한 약속을 휴지조각으로 만들거나 몰래 다른 은행으로 자금을 이동시키는 등의 배신행위가 발각되면 은행과의 신뢰에 금이 가게 된다. 경우에 따라서는 손실을 각오하고 여러분의 회사를 망치려 할 수도 있다. 절대 은행을 우습게 생각해서는 안 된다.

신뢰할 수 있는 은행원과 친하게 지내라

나는 아버지의 회사에서 은행 담당이 된 이래 융자 조건이나 부채 처리 방법을 둘러싸고 은행원과 셀 수 없을 만큼 많은 교섭을 해 왔다. 이렇게 말하면 마치 굉장한 수완이나 교섭력이 있는 것처럼 들릴지 모르겠지만, 사실 나도 처음에는 은행에 다니는 지인에게서 재무제표 보는 법, 현금흐름표 이용하는 법부터 배웠다. 금융 정보를 얻기 위해 은행 담당자를 회사에 자주 들르게 해서 담소를 나눴던 기억도 난다. 술을 한 방울도 마시지 못하면서도 종종 술자리를 마련해 정보를 교환하기도 했다. 사람과 사람 사이에서는 신뢰가 형성되면 일 외적인 이야기도 나누게 되는데, 내가 만난 은행원들도 마찬가지로 은행 안에서는 할 수 없었던 이야기도 해 주었다.

나는 신뢰가 쌓인 은행원과는 담당이 바뀐 뒤에도 계속 친분을 유지했고, 그렇게 만든 인맥은 부채 처리 교섭을 할 때도 큰 도움이 되었다. "오늘까지 이자만 상환해 주십시오. 다음 달부터는 상환하지 않아도 괜찮습니다"라는 조언을 받기도 했고, "귀사에는 항상 신세를 져 왔으니 제가 도울 수 있는 일은 무엇이든 도와드리겠습니다", "저희는 앞으로도 계속 지원해 드릴 테니 안심하십시오" 같은 고마운 말도 많이 들었다. 이처럼 많은 사람들이 든든한 버팀목이 되어 주었기에 140억 엔이나 되는 부채를 무사히 상환할 수 있었던 것이다.

은행원도 양복을 벗으면 똑같은 사람이며, 중소기업의 미래를 걱정하고 지역 사회의 발전에 공헌하고 싶어 하는 은행원도 많다. 부디 신뢰할 수 있는 은행원을 찾아내서 좋은 인맥을 만들기를 바란다.

이익을 내는 사장이
후계자를
육성하는 법

12 Secrets To Running A
PROFITABLE
COMPANY

아들에게
사업을
물려줘도 될까?

특징 10. **이익을 내는 사장이 후계자를 육성하는 법**

이익을 내는 사장의 마음가짐
**사업을 승계하면 한편으로는 회사에 있는 부채까지 떠안게 된다.
따라서 승계자에게는 무엇보다 강한 의지와 책임감이 뒤따른다.**

사업을 물려주는 게 과연 옳은 선택일까?

사업 승계 문제로 고민하는 경영자가 크게 늘고 있다. 일본의 경우 2016년의 휴폐업 · 해산 건수는 과거 최고인 약 3만 건을 기록했는데, 이것은 2000년과 비교했을 때 두 배에 가까운 수치다(도쿄상공리서치 '2016년 휴폐업·해산 기업 동향 조사'). 게다가 그 대부분이 경영자의 나이가 60세 이상인 회사라는 점을 생각하면 사업을 승계할 방법을 찾지 못해 폐업한 회사가 많다는 것은 부정할 수 없는 사실이다.

내가 젊었을 때는 이미 고도 성장기는 막을 내렸지만 아직 지방에서도 활기가 느껴졌으며, 열심히 노력만 하면 어떻게든 먹고살 수 있었던 시대였다. 그러나 지금은 일본 경제가 완전히 성숙기에 접어들었고, 소비의 형태도 크게 바뀌었다.

얼마 전에 상담을 받기 위해 나를 찾아온 한 사장도 아들에게 사업을 물려줘야 할지 고민하고 있었다. 그 사장은 "저는 아버지보다 두 배는 더 열심히 일했지만 이익은 절반도 못 냈습니다. 제 아들의 시대에는 저보다 두 배 더 일해도 이익은 지금의 절반 이하가 되겠지요. 그렇게 생각하면 사업을 물려주는 것이 과연 옳은 선택일지 망설여집니다"라며 가업의 미래에 대한 속마음을 털어놓았다.

오늘날에는 전국 어느 곳을 가나 대기업 브랜드가 시장을 독식해 지방에서도 중소기업은 설 자리를 잃어가고 있다. 또한 사회보험이나 노동 환경 개혁 등에 큰 비용이 지출되고 있다. 가만히 내버려두면 매출 총이익이 점점 감소하는 시대인 것이다.

또 다른 사장은 "사업을 이어받게 하고 싶은 마음은 굴뚝같지만, 어려움을 극복할 수 있을 만큼의 기개가 있을지 걱정입니다"라며 풍요로운 환경에서 성장한 후계자의 기개에 불안감을 느끼고 있었다. 요즘 젊은 경영자들은 옛날 경영자들과 달리 좋은 학교 나오고 공부도 많이 했으며 어학 능력도 뛰어나다. 그러나 경영자로서는 어딘가 부족하다. 이것은 많은 기성세대 사장들이 공통적으로 갖고 있는 생각이다.

심각한 문제는 또 있다. 일본의 경우 사업 승계에서 가장 골치 아픈 문제는 후계자가 되면 회사가 안고 있는 부채에 대한 개인 보증을 강요받게 된다는 점이다. 만에 하나 회사가 도산하게 되면, 개인 자산을 전부 합쳐도 부채를 갚을 수 없는 경우가 많기 때문에 대부분은 개인 파산으로 내몰리고 만다. 그래서 "왜 제가 아버지의 빚을 갚기 위해 사업을 승계해야 하죠?"라고 반발하는 2세들도 많다. 이 문제는 임원이나 간부 사원에게 사업을 승계하려고 할 때도 걸림돌로 작용한다. 오늘날의 사업 승계 문제의 본질은 바로 여기에 있다.

그러나 경영 부진에 허덕이는 회사를 승계해 훌륭히 재건한 2대, 3대 사장도 많다. 처음에는 어딘가 불안해 보이던 젊은 사장이 시간이 지나면서 몰라보게 훌륭한 사장으로 성장하기도 한다.

내가 참으로 안타깝게 생각하는 것은 아직 방책이 있음에도 폐업이나 파산을 선택하는 경우다. 이는 부모와 자식 간의 커뮤니케이션이 제대로 이뤄지지 않기 때문인 경우가 많다. 그리고 또 한 가지는 손을 쓸 수 없을 만큼 심각한 상태가 된 뒤에야 나를 찾아오는 경우다. 그 결과 은행에 개인 자산까지 압류당하고 결국 도산하는 수밖에 없어진다. 아들은 사업을 승계할 의욕이 있지만 개인 파산으로 내몰리는 것만큼 비참한 일은 없다. 이 장에서는 원활한 사업 승계를 위한 실천적인 방책을 소개하겠다.

후계자가 떠안을
리스크를
줄이는 방법

특징 10. 이익을 내는 사장이 후계자를 육성하는 법

이익을 내는 사장의 마음가짐

사전에 후계자가 떠안아야 할 부채 등
부담을 줄일 방법을 궁리하고 사업 승계를 진행한다.

사전에 사업을 분산시킨다

"저희 회사는 타이완과 홍콩에도 회사가 있어서 고베에 있는 회
사의 실적이 조금 떨어져도 당장 걱정은 안 합니다."

고베 대지진이 일어난 뒤, 나는 존경하는 타이완 출신의 경

영자와 이야기를 나누다가 충격을 받았다. '그렇구나. 지구본을 보면서 비즈니스를 하는 사람은 사고방식이 다르구나'라는 생각이 들었다. 그리고 동시에 **최악의 사태를 미리 가정하고 리스크 헤지를 해 놓는 것이 경영자의 책무리는 깃도 배울 수 있었다.**

사업 승계를 할 경우도 리스크 헤지를 생각하는 것이 중요하다. 하나의 우량 사업에만 집중해서 견실하게 지속적으로 흑자를 내고 있는 회사의 경우, 언뜻 문제가 없어 보이지만 변화가 극심한 시대에는 그만큼 리스크도 커진다. 그러므로 실적이 좋을 때일수록 또 다른 수익을 창출할 만한 사업을 준비해 놓는 것이 중요하다. 사업 승계를 원활히 진행하기 위해서도 몇 가지 선택지가 있는 것이 좋다.

여러 가지 사업을 하는 경우, 리스크를 헤지하는 방법 중 하나는 회사를 분할하는 것이다. 본사에 우량 사업과 채산이 맞지 않는 사업, 장래의 성장 사업 등이 섞여 있는 상태에서 경영을 계속하면 어떤 사업을 강화하고 어떤 사업을 그만둘지 같은 중요한 판단을 정확하게 내릴 수 없게 된다. 창업자는 전부 머릿속에 담아 두고 있더라도 사업을 승계한 후계 사장은 구분하기가 어렵다. 앞으로 아들에게 사업을 물려주려고 한다면 사업별로 독립채산제를 도입하거나 미리 별도의 회사로 만들어 놓는 편이 좋을 것이다. 그렇게 해 놓으면 채산이 맞지 않는 사업은 승계하지 않고 성장이 기대되는 사업만 승계할 수도 있다.

140억 엔 부채에도 개인 자산을 지킨 비결

골치 아픈 것은 본 사업에서 거액의 빚을 떠안고 있는 경우다. 아버지로서는 설령 자신은 본 사업과 함께 빚을 떠안고 개인 파산을 하더라도 아들에게는 제대로 된 우량 사업만 남겨 주고 싶을 것이다. 그러나 융자를 해 준 은행 측에서는 별도의 회사를 만들어 우량 사업만을 승계하는 것을 달가워하지 않는다. 아버지의 부채를 아들이 짊어져야 부채를 회수할 수 있기 때문이다. 이럴 때는 어떻게 해야 할까?

먼저 **자본도, 임원 구성도 완전히 다른 별도의 회사를 만든다.** 모회사가 출자하거나 임원 명단에 사장 또는 사장 가족의 이름이 올라가면 모회사와 한 몸으로 간주된다. 이는 모회사와 철저하게 관계가 없는 회사를 만들고, 사업을 서서히 양도해 나가는 방법인데, 이를 위해서는 주도면밀한 준비가 필요하다.

상법상 문제가 없는 방식으로 우량 사업을 본 사업으로부터 분리하는 이 방식을 나는 '스텔스 방식'이라고 부른다. 조용히 은밀하게 사업을 전혀 관계가 없는 회사로 옮긴다고 해서 '스텔스 방식'이라는 이름을 붙였다. 이때의 철칙은 올바른 방법과 순서를 따르는 것이다.

이 방법은 원래 내가 빚더미에 깔린 절체절명의 상황에서 어떻게든 가족의 자산을 지켜 주기 위해 필사적으로 궁리한 끝에 찾아낸 아이디어였다. 나의 경우는 은행의 협력과 동의하에 진행했는데, 그 결과 힘든 상황에서도 나와 가족의 개인 자산을 지킬 수 있었다.

그리고 지금은 이 방식을 이용해 수많은 회사의 사업 승계를 돕고 있다.

사업 승계와 관련된 모든 리스크에 대비하라

그뿐만이 아니다. 대기업의 월급쟁이 사장은 회사가 도산하면 사죄하고 물러나면 그만이지만 중소기업의 경영자는 그렇지 않다. 회사와 관련된 거액의 빚을 끌어안고 도산할 경우, 회사는 물론 개인 재산까지 모두 잃고 만다. 중소기업의 사업을 승계한다는 것은 그럴 각오까지 하고 있다는 뜻이다.

그리고 **회사의 도산과 관련된 리스크를 헤지할 방법을 마련해 놓아야 한다.** 앞에서 소개했듯이 재기를 위해 별도의 회사를 설립하는 것도 방법이다. 또한 집을 구입할 때 현금으로 사지 않고 장기 대출을 받는 것도 혹시 모를 비상사태가 발생했을 때 몰수되는 것을 피할 수 있다. 그리고 당연한 말이지만, 이때 회사가 융자를 받은 은행과는 다른 은행을 이용하도록 하자.

물론 가장 좋은 리스크 헤지는 회사가 도산하지 않도록 사장이 최선을 다하는 것이다.

2대 사장은
창업 사장을
뛰어넘을 수 있을까?

특징 10. **이익을 내는 사장이 후계자를 육성하는 법**

이익을 내는 사장의 마음가짐

2대 사장은 선대 사장과 같은 경기장에서 싸우지 않는다.
자기 힘으로 할 수 있는 일을 필사적으로 찾아내 실력을 키운다.

창업자의 뒤를 잇는 2대 사장의 고충

사업 승계 중에서 가장 어려운 것은 2대 사장에게 승계하는 경
우다. 창업자는 강렬한 개성과 불굴의 정신력으로 역경을 극복
해 자신의 손으로 오늘날의 성공을 거머쥐었다. 그런 만큼 누구

도 넘볼 수 없는 자신감을 갖고 있으며, 자신의 생각을 밀어붙이는 독불장군 사장이 많다. 그런 창업자의 뒤를 잇는 것은 2대 사장에게 매우 커다란 압박감으로 작용한다. 그 압박감은 아마도 당사자가 아니고서는 이해할 수 없을 것이다. 3대 사장은 그런 고생을 한 2대 사장의 뒤를 잇기에 2대 사장만큼의 고생은 하지 않는다.

얼마 전에도 창업 사장에게 사업을 물려받아 마음고생을 하고 있는 2대 사장이 상담을 받기 위해 나를 찾아왔다.

"사업을 재검토하고 싶은데 아버지가 도무지 제 말을 들어 주시지 않아서……."

2011년 3월에 발생한 동일본 대지진 이후 매출이 급감해 적자가 계속되고 있었음에도 선대 사장은 2대 사장의 의견을 전혀 듣지 않을 뿐만 아니라 "그런 유약한 정신력으로 어떻게 회사를 운영하겠다는 거야!"라고 엄하게 설교까지 한다는 것이다. 그러는 사이에도 사업 환경은 악화 일로를 걷고 있어서 어떻게든 선대 사장을 설득하고 싶은데, 좋은 방법이 없겠냐는 것이 상담 내용이었다. 과거의 내 상황과 매우 비슷한 처지였기에 앞으로 문제를 함께 해결해 나가기로 했다.

참고로, 내가 지금까지 상담해 오면서 만난 후계자들의 고민은 대체로 다음과 같았다.

- 선대 사장의 빚을 짊어지고 있다.
- 선대 사장의 반대로 적자 사업을 정리하지 못하고 있다.
- 선대 사장의 영향력 아래에 있는 직원들이 여전히 선대 사장에게 복종한다.
- 은행도 선대 사장에게 뭐라고 말을 하지 못한다.
- 고령임에도 사장 자리를 포기하지 않는다.
- 선대 사장이 자신의 마음에 들지 않는 사람을 배제하려고 한다.
- 자신의 권력을 유지하기 위해 수단을 가리지 않는다.

충분한 시간을 들여서 실력을 키운다

그렇다면 2대 사장은 이런 상황에 어떻게 대처해야 할까?

무엇보다 먼저 실력을 키워야 한다. 학교에서 얻은 지식은 경영을 하는 데 아무런 도움도 되지 않는다. 겨우 풋내가 가신 정도의 수준으로 실적과 권력을 쌓아온 선대 사장에게 도전해 봤자 주먹 한 방이면 맥을 못 추게 된다.

나도 경영을 조금 알기 시작했을 무렵 아버지와 심하게 논쟁을 벌인 적이 있는데, 그 뒤로 아버지는 3년 동안 내게 제대로 된 일을 시키지 않았다. 나는 분했지만 그 사이에 죽을 힘을 다해 일을 배우고 비즈니스 인맥을 넓혔다. 그리고 3년이 지난 어느 날, 아버지의 힘으로는 해결하기 벅찬 일이 생겼을 때 아버지는 "할 수 있다면 해 보거라"라며 내게 일을 맡기셨다. 기회가 왔다고 생각한 나는 필사적으로 매달려 그 안건을 성공시켰고, 그날 이후 나를 바라보는 주위 사람들의 시선이 크게 달라졌다.

아버지와 같은 경기장에서 싸웠다면 아마도 상대가 되지 않았을 것이다. 내 힘으로 할 수 있는 일을 필사적으로 찾아내고 인맥을 만들었기에 2대 사장에 걸맞은 실력을 키울 수 있었던 것이다.

그 후 아버지의 건강 문제가 불거지면서 완전히 처지가 역전되었는데, 그럼에도 아버지가 애착을 갖고 있던 일부 사업을 포기할 때는 아버지가 좀처럼 동의해 주지 않아서 크게 고생했다. 다만 어떤 때라도 아버지의 체면을 세워 드리는 것만큼은 잊지 않았다. 2대 사장이 절대 하지 말아야 할 행동 중 하나는 선대 사장의 자존심에 상처를 입히는 것이기 때문이다. 얼마 전에 상담을 받으러 온 젊은 2대 사장에게도 나는 그렇게 말했다.

사업 승계는
고수익 사업으로
전환할 기회

특징 10. **이익을 내는 사장이 후계자를 육성하는 법**

이익을 내는 사장의 마음가짐

사업 승계는 잘하면 고수익 사업으로 전환할 기회가 될 수 있다.
따라서 수비적 경영에서 공격적 경영으로 전환해 기회를 살린다.

수비적 경영에서 공격적 경영으로!

일본의 경우 100년 이상 사업을 이어가고 있는 노포 기업들의
사업 승계 문제도 심각하다. 지나치게 '수비적'인 의식이 강한
나머지 시대의 흐름에 뒤처지고 있는 것이다.

오랜 전통을 자랑하는 한 식품 제조 회사의 사장이 선조로부터 대대로 전해 내려오는 전통적인 방식의 건조식품 장사를 계속할 수 있는 방법이 없겠냐며 나를 찾아온 적이 있다. 그러나 나로서는 냉장고가 없던 시대에 지방의 산물을 운반하기 위해 고안된 보존 식품 사업이 언제까지나 생명을 유지할 수 있으리라고는 생각되지 않았다.

어느 지방에서 주조 회사를 운영하는 사장이 후계자인 아들과 함께 찾아온 적도 있다. 그 지역에서는 유명한 양조장이지만, 최근 적자가 계속 이어지는 바람에 개인 자산을 헐어 회사를 유지하고 있다고 했다. 과거에 4,000개에 이르던 술 곳간도 지금은 1,500개 정도로 줄었으며, 1,000개 이하로 줄어드는 것도 시간문제라고 했다.

과거의 방식만 고집하면 언젠가는 벼랑 끝으로 내몰리게 된다. 사장은 금리가 저렴한 자금을 조달할 방법에 관심이 있는 듯했지만, 나는 "언 발에 오줌 누는 식의 땜질 처방은 결국 아드님을 고생길로 내몰게 될 뿐입니다"라고 조언했다. 만약 지금의 경영 방식을 유지한 채 회사를 승계한다면, 아버지와 아들이 함께 공멸할 위험성이 있기 때문이었다.

아무리 사양산업이라고 해도 좋은 성과를 내고 있는 회사는 얼마든지 있다. '닷사이'라는 청주로 한 시대를 풍미했던 아사히 주조는 현재 세계적으로 유명한 양조장이 되었다. 지방의 숙박업이 사양산업이라고 하지만 호시노 리조트는 파산한 여관을 사들여 고급 리조트 호텔로 재탄생시켜 사업을 확대하고 있다. 노포가 많은 전통 산업도 경영을 어떻게 하느냐에 따라 시대의 요구에 맞는 회사로 변신할 수 있는 것이다.

'수비적 경영에서 공격적 경영으로!'

먼저 가능성을 믿고 방법을 궁리해야 한다.

사업 승계는 고수익 사업으로 전환할 기회

3대 시미즈야는 사이타마의 작은 마을에 있는 두부집인데, 가게 앞쪽에서 판매하던 '비지 도넛'이 텔레비전 맛집 소개 프로그램에 나온 것을 계기로 인기를 끌어 지금은 전국적으로 유명한 가게가 되었다.

이곳은 원래 1921년에 창업한 노포인데, 그 이름처럼 3대 경영자인 현재의 사장이 2009년에 신규 회사를 설립해 현재의 기반을 구축했다. 두부 제조가 공업화됨에 따라 규모가 영세하던 두부집들은 간신히 가업을 이어나가는 수준으로 쇠퇴해 버렸지만, 3대 시미즈야는 지금도 활기가 넘친다.

비지는 원래 두부를 만들 때 나오는 산업 폐기물이다. 일반 쓰레기로는 버리지 못한다. 이것을 건강 열풍에 편승해 도넛으로 만들었으니 이보다 원가율이 낮은 도넛은 없을 것이다. **결국 중요한 것은 자사의 브랜드를 효과적으로 활용하는 등 '어떤 지혜를 짜내느냐'다.** 그런 다음 용기를 내어 한 발을 앞으로 내딛어야 한다. 그 과정에서 문제가 있다면 그때그때 수정해 나가면 된다.

이때 가장 큰 난관은 '노포의 간판과 신용을 어떻게 지키느냐, 어떻게 균형을 잡느냐'일 것이다. 이 문제에 대해서도 지혜를 짜내야 한다. 선대나 친인척, 혹은 옛날부터 거래해 온 은행을 내 편으로 만들어 효과적으로 활용하는 것이 중요하다. 이를 위해서는 사업 승계를 사업 쇄신을 위한 기회로 여기고 신규 사업에 특화된 신규 회사를 설립하는 것도 효과적이다. 그래야 은행에서 지원을 받기도 쉽고, 리스크 헤지도 쉬워진다.

신규 사업이 순조롭게 진행되면 전통 상품도 존속시킬 수 있게 된다.

사업 승계로 인한
가족 분쟁에
대비하라

특징 10. 이익을 내는 사장이 후계자를 육성하는 법

이익을 내는 사장의 마음가짐

주도면밀하게 준비해 원활하게 사업 승계가 이뤄지도록 한다.
특히 가족 간의 분쟁은 미리 그 싹을 뽑아 놓는다.

상속 문제는 사업 승계 전에 미리 해결하라

창업 사장인 A에게는 큰딸과 큰아들, 작은아들이 있다. 큰딸은
전업주부지만 남편이 A의 회사 이사였고, 큰아들은 전무, 작은
아들은 상무였다. 고령인 A는 전부터 큰아들에게 사장 자리를

물려주겠다고 공언했고, 큰아들 또한 자신이 사장 자리를 이어받을 거라는 생각으로 열심히 노력했던 까닭에 사업 승계는 문제없이 진행될 것 같았다. 그런데 A가 심근경색으로 갑자기 세상을 떠나자 분위기가 달라졌다. 긴급 이사회가 열려 큰아들을 사장으로 임명했지만, A가 소유했던 자사 주식의 상속을 놓고 형제간에 싸움이 시작되었다.

큰아들은 "대표이사로서 회사를 경영하는 데 필요하니 주식은 모두 내가 갖고자 한다. 회사를 안정시키기 위해서는 적어도 3분의 2는 필요하다"라고 주장했다. 그러나 큰딸과 작은아들은 "특별한 유언이 없었던 이상 평등하게 3등분 하자"라고 주장하며 팽팽하게 맞섰다. A의 아내는 A보다 앞서 이미 세상을 떠났기 때문에 상속인은 이 세 자녀뿐이었다. 결국 다수결의 원칙에 의해 3분의 1씩 상속하는 것으로 결론이 났다.

그런데 1년 뒤 갑자기 큰아들이 사장에서 해임되었다. 감정적으로 앙금이 남아 있던 큰딸과 작은아들이 결탁해서 큰아들을 몰아냈던 것이다. 그리고 큰딸의 남편이 사장으로, 작은아들이 부사장으로 취임했는데, 얼마 안 있어 전업주부였던 큰딸이 실질적으로 회사를 지배하게 되었다. 그러나 회사의 실적이 급락하면서 또다시 내분이 일어났고, 회사는 결국 도산하고 말았다.

유산 상속이 가족 분쟁으로 발전하는 일이 종종 있는데, 중소기업의 사업 승계를 둘러싸고도 이와 비슷한 분쟁이 자주 일어난다. 실제로 내게 상담을 요청하는 회사 중에는 재무적으로 우량한 기업이었음에도 가족 간의 뿌리 깊은 대립이 계기가 되어 파탄을 맞이한 곳도 있었다. 사업 환경이 어려워져 도산하는 것은 어쩔 수 없지만, 가족 사이의 분쟁 때문에 회사가 무너진다면 이보다 안타까운 일이 또 어디에 있겠는가?

이야기에서 A는 마음을 독하게 먹고 미리 회사의 주식을 큰아들에게 전부 상속했어야 했다. 미리 유언으로 그 의향을 명확히 밝혔더라면 자식들 간의 싸움으로 회사가 도산하는 비참한 사태는 피할 수 있었을 것이다.

분쟁 없이 원활하게 사업을 승계하는 방법

가족 경영을 하는 경우에는 가족 구성원 사이 복잡한 관계가 경영에 영향을 끼칠 수 있다. 예를 들어 사장인 어머니와 큰아들이 함께 회사를 경영하고 있는데, 그 어머니와 며느리 사이의 미묘한 신경전 때문에 어머니와 큰아들의 관계가 틀어져 승계가 진행되지 않은 경우도 있다. 가까운 관계인 만큼 감정의 실타래가 헝클어지면 문제가 더 심각해진다. 쌍방이 신뢰할 수 있는 제삼자에게 도움을 받는 등의 방법으로 엉킨 실타래를 신중하게 푸는 수밖에 없다.

또 부모와 자식 사이에 문제가 발생하지 않게 하기 위해서는 한번 아들에게 사업을 물려줬으면 선대 사장은 경영 일선에서 물러나 신임 사장의 방식대로 경영하도록 내버려두어야 한다. 이렇게 후계자가 하는 일에 일일이 참견하지 않는 것도 중요하다.

역사가 오래된 노포 기업의 경우에는 창업 당시 주주였던 사람들의 자손이 시간이 갈수록 많아져 경영에 참견하는 관계자 또한 많을 수 있다. 그런 회사는 사장이 리더십을 제대로 발휘하지 못해 경영 방침이 우왕좌왕하게 될 수 있는데, 이런 사태를 방지하기 위해서는 분산되어 있는 주식을 사장에게 집중시켜서 사장의 발언권을 높여야 한다. 시간이 걸리더라도 주식의 집중화를 진행해 놓아야 하는 것이다.

사업 승계에 성공해 순조롭게 실적을 높이고 있는 회사는 사장이 안정된 리더십을 발휘하며, 임원들도 확실하게 역할 분담을 하게 돼 있다. 회사가 나아가야 할 방향도 임원과 직원 들이 함께 공유한다.

가족 기업에서 사업 승계를 원활히 진행하기 위해서는 특히 인간관계에 신경을 쓰면서 주도면밀하게 사전 준비를 하는 것이 중요하다.

후계자에게
부채까지
물려줄 수는 없다!

특징 10. 이익을 내는 사장이 후계자를 육성하는 법

이익을 내는 사장의 마음가짐

후계자가 부담스럽게 느낄 정도의 과도한 부채가 있는 경우에는
사업 승계 전 최대한 부채를 줄여 놓는다.

사업 승계 전 채산성 낮은 사업은 정리한다

"계속 방해하시면 조만간 파산 신청을 할 수밖에 없게 됩니다!"

내게는 호랑이처럼 무서운 아버지였지만, 나는 마음을 굳게
먹고 이렇게 말했다. 그리고 아버지는 이때 비로소 사태의 심각

성을 실감하셨다.

　아버지가 경영하셨던 산조코퍼레이션은 1995년에 발생한 고베 대지진으로 40억 엔(약 444억 원)이 넘는 손실을 봤다. 당시 후계자로서 실질적으로 경영을 맡고 있었던 나는 그 후 십수 년에 걸쳐 최대 140억 엔(약 1,530억 원)에 이르는 부채를 처리해야 했다.

　지진으로 큰 타격을 받은 고베 경제는 이후에도 디플레이션이 계속되었고, 그 결과 고베 중심가에 위치한 음식점용 빌딩의 임대료 수입은 매년 감소했다. 채산이 맞지 않는 사업의 재검토를 더는 미룰 수 없는 상황이었지만, 적자가 계속되는 관련 사업에서 철수할 수가 없었다. 내가 아무리 사정을 해도 창업 사장인 아버지가 애착이 강한 사업을 포기할 수 없다며 완강하게 거부하셨기 때문이다. 완전 독불장군이었다. 그러는 사이에도 빌딩의 임대료 시세는 점점 하락했고 빚은 그와 반대로 점점 불어났지만, 그럼에도 아버지는 고집스럽게 고개를 젓기만 하셨다. 이제 도산은 시간문제였다. 이런 상황에 내 인내심도 마침내 한계에 이르러 결국 최후통첩을 하기에 이른 것이다.

　결국 이 대화를 계기로 그동안 교착 상태였던 은행과의 상환 교섭을 정상 궤도에 올려놓을 수 있었지만, 아버지에게는 고통스러운 결단이었을 것이다. 그 뒤로 아버지에게서 예전과 같은 기세는 찾아볼 수가 없게 되었다.

　이처럼 고생 끝에 이룩한 사업을 그만두는 것은 창업 사장에게는 너무나 괴로운 일이다. 그러나 장래성이 없는 채산성 낮은 사업은 사업 승계를 하기 전에 미리 정리해 놓아야 한다. 또한 후계자가 부담스럽게 느낄 정도의 과도한 부채가 있을 경우에는 최대한 부채를 줄여 놓도록 하자. 후계자가 혈육이든 제삼자든 최대한 부담을 주지 않는 상태로 회사를 넘기는 것이 경영자의 매너다.

　또 이때 상환 자금은 어디까지나 회사의 자산으로 충당해야 한다. 개인 자산을 쏟아붓는 것은 절대 금물이다. 이렇게 쏟아부은 개인 자산은 만에 하나 회사가 도산할 경우 절대 돌려받을 수 없기 때문이다.

과감하게
폐업을
결정하는 용기

특징 10. 이익을 내는 사장이 후계자를 육성하는 법

이익을 내는 사장의 마음가짐
장래성이 있는 경우에는 그 사업에 걸맞은 지속 방법을 검토한다.
무엇보다 무리하게 사업을 승계하지 않는다.

미래에 남길 만한 가치가 있는 회사인가?

사업을 승계할 가족이나 친척이 없는 경우에는 먼저 그 회사가
미래에 남길 만한 가치가 있는지를 판단하도록 한다. 남길 가치
가 있다고 판단했다면 수많은 선택지 가운데 그 사업에 가장 걸

맞은 지속 방법을 궁리한다. **만약 남길 가치가 없다면 가장 피해가 적은 방법으로 폐업 처리를 한다.**

이때 단순히 '흑자냐 적자냐'만 가지고 결정해서는 안 된다. 현재는 흑자가 나고 있다 하더라도 사장 개인의 힘에 의지한 측면이 큰 흑자라면 사업 승계 후 경영 부진에 빠질 우려도 충분히 있을 수 있다. 이런 상황에서 사업 승계를 하는 건 단지 폐업 시기를 조금 늦추는 것밖에는 의미가 없다. 반대로 지금은 적자라 할지라도 장차 크게 성장할 가능성이 있다면 회사를 존속시킬 가치가 충분할 것이다.

미래에 남길 가치가 있다면 먼저 회사 임원, 간부 사원 중에서 적합하다 싶은 사람에게 의사를 타진해 보는 방법도 있다. 앞에서도 소개했듯이 가족 중에 적임자가 없을 경우, 가장 유력한 후보자는 회사 내부의 관계자 중에서 찾는 것이 좋다. 다만 이경우에는 은행의 차입금에 관한 개인 보증이 걸림돌이 된다.

이 경우, 설령 후계자로 지명된 본인에게 의욕이 있더라도 그 가족이 거부하는 경우도 많다. 사업을 승계한 시점에는 우량 기업이었을지라도 만에 하나 도산할 경우의 리스크가 너무 크기 때문이다.

그러므로 소유와 경영을 분리하는 것도 하나의 방법이다. 경영의 책임은 오너가 진다는 전제에서 경영을 위임하는 방법이다. 그러나 의사 결정 과정이 번잡해지며, 결국은 숨은 실세가 경영을 하는 형태가 되기 때문에 안정성이 떨어진다는 문제가 있다.

그밖에 MBOManagement Buy Out(경영자매수)나 M&A를 통한 매각 등도 효과적인 수단이다. MBO는 경영진과 임직원이 공동으로 오너가 보유한 주식을 사들여 경영권을 승계하는 방식이다. 반면 M&A는 다른 회사가 주식을 매수하는 것이다. 모두 일장일단이 있으며 여기에서 설명할 수 있을 만큼 간단한 이야기가 아니지만, 나도 내 회사를 M&A로 매각한 경험이 있고, 실제로 고문을 맡고 있는 회사도 M&A를 하고 있기에 상담을 받으면 이러는 편이 좋다거나 이런 점은 주의하는 편이 좋다는 등의 조언을 하고 있다.

무리하게 사업을 승계하지 않는다

음식점 경영은 장래성이 불투명한 비즈니스의 전형적인 예다. 음식점은 유행이 빠르게 변하고, 또 진입 문턱이 낮은 까닭에 창업도 폐업도 매우 많이 한다는 특징이 있다. 요컨대 신진대사가 활발한 업종인 것이다.

"30년 전에 하던 방식대로 해서는 안 됩니다. 그 연세에 젊은 사람들을 대상으로 음식점을 운영하려는 생각은 그만두시는 편이 좋습니다. 정 하시려면 젊은 사람에게 맡기세요."

얼마 전에 상담을 받으러 찾아온 음식점 경영자는 젊었을 때는 인기 점포를 수십 채나 보유하고 있었지만 고객층이 고령화됨에 따라 매출이 감소하고 단가도 점점 낮아져 고전하고 있었다. 그래서 점포 리뉴얼을 해 봤지만 이렇다 할 효과를 보지 못했다. 안타깝지만 이런 사업은 시대와 함께 사라져 가는 수밖에 없는 것이다.

장래성이 없음에도 사업 승계를 위해 애쓰는 사장도 많은데, 대부분은 사업을 그만두면 빚이 남기 때문에 그만두고 싶어도 쉽게 그만둘 수가 없는 경우다. 그러나 언젠가는 결단을 내릴 필요가 있으며, 그만두기 전까지는 사장이나 직원, 그들의 가족을 지키기 위해 최선을 다해야 한다.

특징 11

미래는
누가 후계자가
되느냐에 달렸다

12 Secrets To Running A
PROFITABLE
COMPANY

후계자에게
'적당한 수준의 지옥'을
경험케 한다

 특징 11. **미래는 누가 후계자가 되느냐에 달렸다**

이익을 내는 사장의 마음가짐
**후계자가 지옥을 경험하고 있다면 도움의 손길을 내밀지 않도록 한다.
이후 봉착하게 될 난관을 스스로 극복할 힘이 될 것이다.**

가능한 빨리 지옥을 경험하게 한다

사장에게 보이는 풍경은 부장에게 보이는 풍경, 임원에게 보이
는 풍경과는 완전히 다르다. 중요한 사실은 사장의 경우는 회사
에 한 명밖에 없다는 것이다. 따라서 사장이 된다는 것은 자신에

게만 보이는 풍경을 보면서 회사의 진로를 결정하는 중대한 책임을 짊어진다는 뜻이다. 사장이 잘못된 판단을 하면 많은 직원들과 그 가족들을 태운 배는 망망대해의 거친 파도에 휩쓸려 침몰하게 된다. 반대로 그 파도를 잘 이거내면 사회나 직원에게 감사와 찬사를 받게 된다.

사장의 업무는 특별하다. 아무리 실무와 관련된 지식이 많다고 해도 그것은 사장의 업무를 처리하면서 쌓은 것이 아니다. 그래서 후계자 육성은 직원 교육과는 전혀 다른 방식으로 실시된다.

후계자 육성에서 중요한 것은 수업을 통해 직원들이 믿고 따를 정도의 인간성과 적절한 판단력, 결단력을 얼마나 갖추느냐다. 이를 위해서는 한 살이라도 어릴 때 수많은 지옥을 경험하게 해야 한다. 또한 젊을 때가 아니면 할 수 없는 실패를 다양하게 경험하게 함으로써 담력을 키우도록 한다. 리더에게 없어서는 안 될 '사람을 끄는 힘'도 배양해야 한다.

후계자에게 지옥을 경험케 할 때는 절대 도움의 손길을 내밀지 말아야 한다. 스스로의 힘으로 지옥에서 살아남기를 끈기 있게 기다리는 것이 중요하다. 본인이 필사적으로 궁리하는 습관을 들이게 하기 위함이다. 앞으로 부딪히게 될 수많은 난관 속에서 살아남으려면 자신의 머리로 궁리하는 힘이 반드시 필요하기 때문이다.

대기업 엘리트 출신이
중소기업 사장으로
살아가는 법

특징 11. 미래는 누가 후계자가 되느냐에 달렸다

이익을 내는 사장의 마음가짐
그 전에 무엇을 했든 사업을 승계했다면 과거는 잊고
중소기업의 사장으로 다시 태어나야 한다.

그동안 편안한 환경에서 살았지!

"제가 그동안 쌓아온 지식이나 기술이 아버지 회사에 조금이라
도 도움이 되었으면 좋겠다고 생각하며 가벼운 마음으로 사업
을 이어받았는데, 완전히 착각이었습니다."

아무리 봐도 엘리트 회사원으로 보이는 중년의 신사가 상담을 받기 위해 나를 찾아왔다. 그 사람은 1년 전쯤 외국계 투자자문 회사를 그만두고 고향으로 돌아가 지금은 가업인 공구 제조 회사를 경영하고 있었다. 아직 40대 중반인 그는 고령인 아버지가 갑자기 쓰러진 후 부모의 간절한 부탁에 회사를 그만두고 가업을 이어받게 된 것이었다.

기술력에 정평이 나 있고 실적도 안정적인 회사였던 까닭에 승계 자체는 순조롭게 진행되었다. 그런데 사장 자리에 취임한 지 얼마 지나지 않아 문제가 부각되기 시작했다. 그것은 사장의 정신적인 문제였다. 그전까지 하던 일과는 너무나 다른 일이었던 탓에 정신적으로 우울해져서 앞으로 어떻게 해야 할지 갈피를 잡지 못하게 되었다는 것이다.

"얼마 전에 거래 은행의 지점장에게 인사를 하러 갔는데, 지점장이 갑자기 외출을 했다는 겁니다. 미리 약속을 하고 간 건데 말이죠. 그때 정말 큰 충격을 받았습니다."

대학에서 금융공학을 전공했고 처음 취직한 곳이 대형 은행이었던 그에게는 상상도 할 수 없는 대응이었다. 아마도 그는 그전까지 은행에 고개를 숙인 적이 한 번도 없었을 것이다.

"어느 정도는 각오하고 있었지만 그 정도일 줄은 정말 몰랐습니다. 특히 힘든 것은 직원들과의 관계입니다. 사사건건 제게

냉담하게 반응하는데, 의욕이 완전히 꺾이더군요."

기존의 가치관과는 180도 다른 세계에 갑자기 뛰어들었던 그는 문화 충격에서 벗어나지 못한 채 1년을 버틴 모양이었다.

최근 들어 이런 종류의 상담이 크게 늘었다.

나는 일단 "거기까지 아셨으니 앞으로는 어떻게든 될 겁니다"라고 말했다. 그리고 그의 몸에 찰싹 달라붙어 있는 엘리트 의식을 털어내기 위해 이후 수차례에 걸쳐 중소기업 사장의 마음가짐과 직원을 대하는 법 등에 관해 이야기해 줬다. 아마 그도 머리로는 알고 있었지만 마음이 따라 주지 않아 괴로웠을 것이다. 나와의 만남이 거듭될수록 그의 표정은 조금씩 밝아졌고, 마지막에는 개운해진 표정으로 웃으면서 돌아갔다.

그로부터 1개월 후 그에게서 전화가 왔다.

"덕분에 이제는 순조롭게 회사를 운영하고 있습니다. 직원들과의 소통도 한결 편하게 하고 있습니다. 겪어 보니 역시 중소기업은 사람이 가장 중요하네요."

밝고 기운찬 목소리였다. 이 정도면 그도 그의 회사도 걱정할 필요가 없을 것 같았다.

이제 막 입사한 신입 사원의 자세로!

가업인 중소기업을 이어받은 대기업 엘리트 출신의 경영자가 취임 후 예상치 못하게 고전하는 사례가 많은데, 그 가장 큰 이유는 직원들을 위에서 내려다보기 때문이다. 설령 본인은 그럴 생각이 없더라도 직원들은 부주의한 말 한마디나 사소한 태도에 민감하게 반응한다. 권한도 영향력도 대기업 시절과는 비교가 되지 않는다. **중소기업에서 사장과 직원의 관계는 대기업에서 임원과 부하 직원의 관계와는 전혀 다른 것이다.**

사장의 생각이 대기업에 다니던 시절에 머물러 있으면 평생이 가도 직원들과의 신뢰 관계가 구축되지 않는다. 최악의 경우, 회사에 정이 떨어진 베테랑 직원들이 회사를 그만두는 경우도 있다. 이 정도면 그나마 다행일지 모른다. 그만둔 직원들이 새로 설립한 회사와 기존의 고객을 사이에 두고 경쟁하게 되는 경우도 있으니 말이다.

직원과의 무의미한 감정 충돌을 피하려면 엘리트 의식과 자존심을 벗어던지고 중소기업에 막 입사한 신입 사원으로서 새롭게 출발하는 수밖에 없다.

후계자를 선정하는
두 가지
기준

특징 11. **미래는 누가 후계자가 되느냐에 달렸다**

이익을 내는 사장의 마음가짐

선대 사장에게 후계자 선정은 무엇보다 큰 과제다.
그만큼 회사의 운명을 좌우할 수 있기 때문이다.

확신이 없다면 후계자로 지명할 수 없다

"후계자를 선정할 때 필요한 것은 딱 두 가지, '확신'과 '기도'야."
　　예전에 선배 경영자에게서 들은 이 말이 지금도 기억에 선명
하다. 그는 이어서 말했다.

"먼저 '이 녀석밖에 없어'라는 확신이 없으면 후계자로 지명할 수 없지. 그리고 확신이 있다 해도 정말 회사를 지켜 줄 수 있을지, 크게 성장시켜 줄 수 있을지 불안할 수밖에 없는데, 그래도 일단 회사를 물려준 이상 이것저것 참견하지 말고 그저 기도하는 심정으로 지켜보는 수밖에 없어."

후계자 선정이 얼마나 힘든 일인지, 그리고 선택한 사람의 안목과 식견이 얼마나 중요한지를 가르쳐 주는 참으로 현명한 말이다.

'그렇게 유능했던 전무'가 '평범한 사장'이 되는 것은 흔한 일이다. 사장이 된 순간 인격이 달라지는 사람도 적지 않다. 절대적인 권력에 취해 사람이 변하기도 하고, 너무나도 큰 압박감을 견디지 못하는 사람도 있다. 그러니 후계자의 그때까지의 실적만 보고 판단했다가는 큰일이 날 수 있다. 그만큼 후계자 선정은 어려운 작업이다.

나는 나를 찾아오는 사람들의 고민에 최대한 해답을 제시하려고 노력하는데, 그중에서도 후계자 선정만큼은 더 신중한 자세로 돕는다. '사장으로서 적임자인가 아닌가'라는 평가만큼 어려운 것이 없기 때문이다.

가장 정석적인 방법은 복수의 후보자들의 적성을 빠르게 꿰뚫어 보고, 그중 가장 가능성이 있는 한 사람을 지목한 뒤 그가

　이익을 내는 사장들의 12가지 특징

순조롭게 성장해 가는 모습을 지켜보는 것이다. 그런데 후계자 육성은 하루 이틀 만에 끝나는 것이 아니다. 또 육성 기간 동안 무슨 일이 일어날지 알 수 없다. 그러니 이때, 만에 하나의 경우에 대비해 리스크 헤지를 해 두는 것도 중요하다. 즉, 2순위 후계자를 마음속으로 정해 놓는 것이다. 다만 나중에 화근을 남기지 않기 위해서는 겉으로는 어디까지나 후계자 후보가 한 명뿐인 것으로 해야 한다.

그런데 취임한 후계자에게 재능이 없다면 회사는 순식간에 도산할 수 있다. 그럴 경우의 대응책도 염두에 두고 있어야 할 것이다.

꼭 가족 경영만 고집할 필요는 없다

후계자 후보를 찾지 못하는 경우도 있다. 일본 중소기업청에 따르면 고령의 경영자가 경영하는 중소기업 245만 개 중 127만 개, 즉 약 절반은 후계자를 정하지 못한 상태라고 한다. 시간이 갈수록 친족 승계율은 줄어들 것으로 예상되며, 앞으로는 친족 이외의 내부 승계가 주류가 될 것으로 보인다. 또한 외부에서 영입하는 경우도 10퍼센트를 넘어섰다. **사업 승계는 꼭 가족이 해**

야 한다고 고집하던 시대는 지난 것이다.

또 아들이 아니라 아내나 딸에게 사장 자리를 물려준 후 예상 외로 순조롭게 성장하고 있는 회사도 적지 않다. 경영계에서도 여성들의 활약이 두드러지고 있다.

의외로 훌륭한 경영자감이 있을 수도 있으니 다시 한번 주변을 둘러보면 어떨까?

특징 12

사장이 변해야
회사가 산다

12 Secrets To Running A
PROFITABLE
COMPANY

사장이
가장 먼저
변해야 한다!

특징 12. 사장이 변해야 회사가 산다

이익을 내는 사장의 마음가짐
**경영 환경이 변화하면 회사도 바뀌어야 하고,
회사가 바뀌려면 무엇보다 사장이 먼저 바뀌어야 한다.**

중소기업의 성패는 전적으로 사장에게 달려 있다!

'아무리 책을 많이 읽어도 아버지를 뛰어넘는 경영자는 될 수 없어……'

고베의 산노미야 일대에서 괄괄한 음식점 사장들을 상대로 비즈니스를 하던 시절부터 나는 줄곧 이렇게 생각했었다. 물론 도움이 되는 책이 있다면 틀림없이 읽었을 것이다. 그러나 폭력 조직과 관련된 사람들에게 임대료를 받아내는 방법을 가르쳐주는 경영서는 어디에도 없었다. 결국 나는 경영에 필요한 지식과 기술을 전부 내 힘으로 터득했다. 여기에는 창업 사장이었던 아버지에 대한 반발심도 있었지만, 지금도 나는 중소기업의 경영은 경험을 통해서 배워야 한다고 믿고 있다.

그래서 "경영자들을 위한 책을 집필해 주셨으면 합니다"라는 의뢰를 받았을 때는 솔직히 말해서 당황스러웠다. '과연 내가 경영자들에게 도움이 되는 책을 쓸 수 있을까?' 싶어 처음에는 자신이 없었다. 그러다 2014년에 출판한 첫 번째 책인 《회사와 가족을 지키면서 빚을 갚는 법》이 커다란 반향을 불러일으켰고, 그후 여러 출판사에서 집필 의뢰가 들어왔다. 특히 네 번째 책인 《1000명의 사장이 배우고 성공한 사장 공부》를 출판했을 때는 중소기업의 사장들에게서 "이런 이야기는 처음 들었다", "좀 더 일찍 알았다면 고생하지 않았을 텐데……", "빨리 상담을 받으러 가고 싶다" 같은 이메일이 쇄도해 큰 보람을 느꼈다. 그 책을 읽고 상담을 받으러 온 사람이 100명이 넘었고, 그중 20퍼센트 정도는 나와 함께 회사를 재건하기 위한 단계를 밟아나갔다. '경영 서적은 도움이 안 된다'던 생각은 아무래도 나의 섣부른 판단이

이익을 내는 사장들의 12가지 특징

었던 듯하다.

　나의 다섯 번째 책인 이 책에서는 '중소기업이 어떻게 하면 수익을 내는 회사로 탈바꿈할 수 있을까?' 하는 큰 주제 아래 기본적인 사고방식부터 구체적인 방법론과 테크닉까지 자세히 설명했다. 이 책을 통해 가장 전달하고 싶었던 것은 '중소기업의 성패는 전적으로 사장에게 달려 있다'는 것이다. 사장이 노력하지 않으면 회사의 성장도 불가능하고, 실적 부진에서 빠져나올 수도 없다. 적자를 불경기 탓으로 돌려서는 회사의 존속도 장담할 수 없을 것이다.

　경영 환경이 변화하면 회사도 바뀌어야 한다. 이를 위한 가장 좋은 방법은 사장이 가장 먼저 달라진 모습을 보여 주는 것이다. 사장이 현재보다 더 먼 곳을 바라보고, 자신의 머리로 더 많이 생각하며, 직원들을 좀 더 믿고, 결코 포기하는 일 없이 자사의 강점을 더욱 갈고닦아야 한다.

중소기업을 둘러싼 비즈니스 환경 개선이 시급

중소기업이 활기를 찾기 위해서는 경영자 자신의 노력이 무엇보다 중요하다. 물론 개인의 노력만으로는 도저히 어떻게 할 수 없는 부분이 있다. 중소기업을 둘러싼 각종 제도도 거기에 해당된다. 앞서 말했듯이 과도하게 담보를 요구하는 등의 금융 관행은 한시라도 빨리 개선될 필요가 있다.

이렇듯 경영자가 해결할 수 없는 부분은 정부와 정치가, 금융권이 함께 노력해 서서히 개선해 나가야 한다.

정치가와 뜻있는 관료 들은 경제 활성화를 위해 중소기업의 경영자가 한 번 실패하더라도 다시 도전할 수 있는 제도와 사회를 만드는 데 협력해 주기를 바란다. 전국의 중소기업 경영자 여러분도 이를 계기로 목소리를 높였으면 한다. 그것만이 중소기업이 살 길이고, 중소기업의 뿌리가 단단해야 그 나라의 경제가 안정적으로 굴러가기 때문이다.

옮긴이 김정환

건국대학교 토목공학과를 졸업하고 일본외국어전문학교 일한통번역과를 수료했다. 21세기가 시작되던 해에 우연히 서점에서 발견한 책 한 권에 흥미를 느끼고 번역의 세계에 발을 들였으며, 현재 번역 에이전시 엔터스코리아의 출판기획자 및 일본어 전문 번역가로 활동하고 있다.

경력이 쌓일수록 번역의 오묘함과 어려움을 느끼면서 항상 다음 책에서는 더 나은 번역, 자신에게 부끄럽지 않은 번역을 하기 위해 노력 중이다. 공대 출신 번역가로서 논리성을 살리면서도 문과적 감성을 접목하는 것이 목표다. 야구를 좋아해 한때 imbcsports.com에 일본 야구 칼럼을 연재하기도 했다.

번역 도서로는 《경영전략 논쟁사》《손정의, 열정을 현실로 만드는 힘!》《반드시 이익을 내는 사장의 현금 관리법》《회사는 어떻게 강해지는가》《세상에서 가장 쉬운 매니지먼트 교과서》《구글을 움직이는 10가지 황금률》《스티브잡스 업무의 기술 45》《회사개조》 외 다수가 있다.

이익을 내는 사장들의
12가지 특징

초판 1쇄 발행 2019년 11월 22일
초판 5쇄 발행 2023년 10월 23일

지은이 산조 게이야
펴낸이 정덕식, 김재현
펴낸곳 (주)센시오

출판등록 2009년 10월 14일 제300-2009-126호
주소 서울시 은평구 진흥로67(역촌동, 5층)
전화 02-734-0981
팩스 02-333-0081
전자우편 sensio@sensiobook.com

책임편집 고정란　　**편집** 이미순
디자인 섬세한 곰 www.bookdesign.xyz

ISBN 979-11-90356-11-4 03320

소중한 원고를 기다립니다. sensio@sensiobook.com